Fach-
buch
Klett-Cotta

FRANK-M. STAEMMLER

Kränkungen

Verständnis und Bewältigung
alltäglicher Tragödien

Klett-Cotta

FSC® MIX
Papier aus verantwor-
tungsvollen Quellen
FSC
www.fsc.org   FSC® C083411

Klett-Cotta
www.klett-cotta.de
© 2016 by J. G. Cotta'sche Buchhandlung
Nachfolger GmbH, gegr. 1659, Stuttgart
Alle Rechte vorbehalten
Printed in Germany
Umschlag: Roland Sazinger, Stuttgart
Unter Verwendung eines Fotos von © Artem Furman / fotolia
Gesetzt von Kösel Media GmbH, Krugzell
Gedruckt und gebunden von CPI – Clausen & Bosse, Leck
ISBN 978-3-608-94585-0

Zweite Auflage, 2016

Bibliographische Information Der Deutschen Nationalbibliothek
Die Deutsche Nationalbibliothek verzeichnet diese Publikation in der
Deutschen Nationalbibliographie; detaillierte bibliographische Daten
sind im Internet über <http://dnb.d-nb.de> abrufbar.

Dieses Buch widme ich all jenen Menschen, die die Courage haben, sich ihrem psychischen Leid zu stellen, und die herausfinden wollen, welchen Einfluss die eigenen psychischen Prozesse dabei ausüben. Sie haben es sich ehrlich verdient, die Früchte ihres Muts zu ernten.

Ich widme dieses Buch außerdem allen jenen, die sich dafür engagieren, dass sie in ihren Beziehungen mit Anderen zum gemeinsamen Wohl beitragen und dass auftretende Schwierigkeiten konstruktiv verarbeitet werden.

(Die Menschen, die zu der einen bzw. zu der anderen Gruppe gehören, sind oft identisch.)

Inhalt

1 Vorbemerkung

Vom Einfluss der Kultur, der Opfermentalität und der Suche nach Würde

>»Entschuldigung«, sagte ein Fisch aus dem Ozean zu einem anderen.
>»Du bist älter und erfahrener als ich und kannst mir wahrscheinlich
>helfen. Sag mir doch, wo kann ich die Sache finden, die man Ozean
>nennt? Ich habe vergeblich überall danach gesucht.«
>»Der Ozean«, sagte der ältere Fisch, »ist das, worin du jetzt gerade
>schwimmst.« – »Das? Aber das ist ja nur Wasser. Ich suche den
>Ozean«, sagte der jüngere Fisch enttäuscht und schwamm davon,
>um anderswo zu suchen. (de Mello 2013, 213)

In der psychotherapeutischen Arbeit lernt man seine Klientinnen und Klienten[1] sehr genau kennen. Dabei fällt mir immer wieder auf, wie stark viele von ihnen in ihren Beziehungen von sozialen Ängsten, Schamgefühlen und erlebten Kränkungen beeinträchtigt sind. Das gilt sowohl für Partnerschaften und Ehen als auch für andere familiäre Beziehungen, aber auch für Freundschaften sowie für Beziehungen zu Kolleginnen und Vorgesetzten am Arbeitsplatz. Im Berufsleben, wo Probleme wie Burn-out oder Mobbing immer häufiger auftreten bzw. thematisiert werden, spielen Kränkungen eine große Rolle.

Weil man in der Arbeit mit Paaren *beide* Seiten des Problems unmittelbar miterleben kann, zeigen sich hier die Entstehungsbe-

---

[1] Um Gender-spezifische Doppelungen im Weiteren zu vermeiden, wechsele ich von nun an nach Zufallsprinzip zwischen weiblichen und männlichen Formen. – Die Abkürzung »H.i.O.« bei Quellenangaben zu Zitaten bedeutet »Hervorhebung im Original«. Wenn ich, als der Verfasser dieses Buches, eine Hervorhebung hinzugefügt habe, kennzeichne ich das mit der Abkürzung »H.d.V.«. Die Zitierweise erfolgt im ganzen Buch nach den Richtlinien der Deutschen Gesellschaft für Psychologie.

dingungen von Kränkungen in allen Einzelheiten und mit besonderer Deutlichkeit. Außerdem kann man hier sehen, wie frühere und aktuelle Kränkungen es den Beteiligten schwer machen, ihre Verbundenheit und Liebe zueinander deutlich zu spüren und zu genießen. Trotz vielfältiger Bemühungen gelingt es ihnen seltener, als ich es ihnen wünschen würde, aus dem Kreislauf von leidvollen Gefühlen, beleidigtem Rückzug und aggressiven Vorwürfen auszusteigen, sich einander wieder anzunähern und – vor allem – wieder anzuvertrauen. Das hat sowohl erhebliche Auswirkungen auf das seelische Wohlbefinden und die Qualität der Beziehungen zwischen den Betroffenen als auch auf deren körperliche Gesundheit und Lebenserwartung (vgl. Holt-Lunstad, Smith & Layton 2010).

Nach meinem Eindruck sind die Schwierigkeiten im Umgang mit Kränkungen nicht nur – bzw. nur zu einem Teil – auf die persönlichen Schwächen und Empfindlichkeiten der Beteiligten zurückzuführen, sondern überwiegend darauf, dass die in unserer Kultur gängigen Denkmodelle den Entstehungsbedingungen und der Dynamik von Kränkungen kaum gerecht werden. Aber die in einer Kultur üblichen Denkmuster sind sehr mächtig. Sie schlagen sich, von den Betroffenen oft unbemerkt, im Denken und Erleben der Menschen nieder, die in dieser Kultur aufwachsen und leben, und haben einen starken Einfluss darauf, wie diese Menschen sich dann fühlen und verhalten. Die Wirkungen solcher Denkmuster zeigen sich nicht nur in den zwischenmenschlichen Beziehungen, um die es mir hier geht, sondern z. B. auch auf den Ebenen politischer und internationaler Konflikte.

Eine **Kultur** ist für den Menschen ungefähr das, was für einen Fisch der Ozean ist: Weil die Kultur den gesamten Lebensraum umfasst, ist in vieler Hinsicht kaum noch zu erkennen, wie umfassend ihr Einfluss ist und in wie vielfältigen Formen sich ihre Wirkungen bis in die kleinsten Nischen unseres Lebens hinein erstrecken. Mein Kollege Gordon Wheeler hat das einmal sehr schön formuliert, als er sagte, dass all jene Muster in unserer Erfahrung, die am tiefsten kulturell geprägt sind, zugleich meistens jene sind, derer wir uns am wenigsten bewusst sind. ... Die tiefste Ebene der Kultur ist daher die ›Realität‹ selbst: alle die Dinge, die ich nicht für kulturell halte, weil ich meine, dass die Welt nun einmal so sei. (2005, 94)

Zwischenbemerkung 1: In vieler Hinsicht ist die Art und Weise, wie Menschen eine Situation erleben, folglich bereits mit kulturellen Einstellungen ›imprägniert‹. Es gibt nicht zuerst eine ›natürliche‹ Erfahrung, die dann erst nachträglich interpretiert würde:»Kulturell geprägte Annahmen, Wertvorstellungen und Einstellungen sind kein konzeptueller Überzug, den wir nach Belieben unserer Erfahrung überstülpen können oder auch nicht. Es wäre korrekter zu sagen, **daß alle Erfahrung durch und durch kulturabhängig ist**, daß wir unsere ›Welt‹ in einer Weise erfahren, derzufolge die Erfahrung selbst unsere Kultur schon in sich trägt.« (Lakoff & Johnson 1998, 71 – vgl. auch Bruner 1997)

Was das Verständnis von Kränkungen betrifft, so herrscht in unserer Kultur meist das auffällig simple Täter-Opfer-Schema vor. In diese Schablone werden die vielschichtigen Interaktionen gepresst, die eine Rolle dabei spielen, dass ein Mensch sich durch einen anderen gekränkt fühlt; und im Rahmen dieses Schemas spielen sich dann die – leider meistens unbefriedigenden – Versuche ab, mit Kränkungen fertig zu werden. Sie, liebe Leserinnen und Leser, kennen all das sicher aus eigener Erfahrung und werden sich vermutlich in manchen Beispielen, die ich im Weiteren gebe, wiedererkennen.

Vielleicht werden Sie auch bemerken, dass es nicht immer leicht ist, sich von solchen Schablonen frei zu machen; sie sind in unserer Kultur einfach zu allgegenwärtig: Wir sind mit ihnen aufgewachsen, und sie werden uns in den Medien und vielen menschlichen Begegnungen immer wieder vorgeführt. Wir gewinnen dabei manchmal den Eindruck, die Welt bzw. die Menschen seien nun einmal so, wie das Denkschema es suggeriert. Und dann wehren wir uns sogar gelegentlich dagegen, wenn es infrage gestellt wird; ja, wir halten bisweilen lieber an etwas Gewohntem fest, selbst wenn es Nachteile mit sich bringt, als uns für Neues zu öffnen.

Von daher wird Ihnen die eine oder andere meiner Überlegungen vielleicht zunächst ›gegen den Strich‹ gehen, besonders wenn ich über Verantwortungen und Einflussmöglichkeiten in Bezug auf Erlebnisse spreche, denen gegenüber Sie sich bisher machtlos und ausgeliefert gefühlt haben. Möglicherweise empfinden Sie meinen Ansatz, Kränkungen zu verstehen und mit ihnen umzugehen, auch als anspruchsvoll; gemessen an der tiefen Verwurzelung unserer kulturellen Denkmuster ist er das auch. Selbst wenn es mir gelingen sollte, Sie von meinen Ansichten zu überzeugen, wird es Ihnen deswegen nicht auf Anhieb und durchgängig gelingen, das gewohnte Denken und Fühlen durch ein neues zu ersetzen. Ich empfehle Ihnen daher, sich darauf einzurichten, dass die alten Muster sich gelegentlich wieder bemerkbar machen; Gewohnheiten sind mächtig. Lassen Sie sich dadurch nicht entmutigen! Begegnen Sie solchen Déjà-vu-Erlebnissen mit Freundlichkeit und Geduld und experimentieren Sie weiterhin mit den neuen Möglichkeiten – bis auch diese zur Gewohnheit werden und Ihnen als Alternative zuverlässig zur Verfügung stehen.

Ich möchte Ihnen die folgenden Überlegungen ungeachtet solcher zu erwartenden Schwierigkeiten zumuten, weil ich der Ansicht bin und Ihnen zutraue, dass Sie letztlich davon profitieren werden. Denn obwohl das Täter-Opfer-Schema so weit verbreitet ist, ist es nach meiner Erfahrung nicht geeignet zu verstehen, was bei Kränkungen geschieht; es ist bedauerlicherweise noch viel weniger geeignet, den Betroffenen dabei zu helfen, Kränkungen auf konstruktive Weise zu verarbeiten und so ihre Beziehungen wieder auf einen tragfähigen Boden zu stellen. Im Gegenteil: »Die Opfer-Mentalität führt zur Reduktion der menschlichen Erfahrung und der Komplexität sozialer Beziehungen auf eine einzige, monotone Weltanschauung« (Sykes 1992, 19). Die zur Rolle des Opfers komplementäre Täterrolle (und manchmal auch die des Retters) gehört unausweichlich zu dieser Weltanschauung dazu.

Diese bei uns übliche Art, Kränkungen zu verstehen und mit ihnen umzugehen, verschärft nach meinem Eindruck das mit ihnen verbundene Leid eher noch und erschwert oder verzögert eine baldige Erholung davon. Das ist deswegen von so großer Tragweite, weil sich Kränkungen in *jeder* zwischenmenschlichen Beziehung und ganz besonders in nahen und intimen Beziehungen ereignen können. Dabei geht es aus meiner Sicht letztlich um die Frage, ob es den an einem Kränkungsgeschehen Beteiligten gelingt, ihre gemeinsame Situation mit *Würde* und in *Verbundenheit* zu bewältigen.

Diese Frage lässt sich in mehrere Teilfragen unterteilen, und zwar erstens die Frage, wie ich selbst den Anderen behandele; respektiere ich dabei seine Würde? Damit hängt die zweite Frage eng zusammen: Wie wirkt mein Verhalten gegenüber dem Anderen auf meine eigene Würde zurück? Und das führt zur dritten Frage: »Welche Art, mich selbst zu sehen, zu bewerten und zu behandeln, gibt mir die Erfahrung der Würde?« (Bieri 2013b, 13)

Nach meinem Verständnis besteht Würde im Wesentlichen in einer verkörperten Einstellung, einer zentrierten und aufrechten Haltung, mit der ein Mensch in Ruhe und Bescheidenheit seinen Standpunkt auch im Angesicht von ernsthaften Unannehmlichkeiten einnimmt. Es handelt sich um eine schwer zu erschütternde Haltung der Ernsthaftigkeit, Verantwortlichkeit und Wahrhaftigkeit; sie zeigt sich im Respekt vor anderen Menschen und in einer Selbstachtung, die einen unempfindlich für Zweifel an den eigenen Menschenrechten und denen von Anderen machen. Die Haltung der Würde führt überdies zu einer Abneigung dagegen, die eigenen Wünsche und Ziele mithilfe manipulativer sozialer Strategien zu verfolgen, durch die man entweder sich selbst oder Andere zu Mitteln zum Zweck degradieren würde.

Mit dem folgenden Text möchte ich allen Menschen, die in irgendeiner Weise mit Kränkungen zu tun haben – und wer hat das nicht? –, einige meiner Gedanken zu diesem Thema zur Verfügung stellen, die sich im Laufe der Jahre für mich persönlich und in meiner psychotherapeutischen Tätigkeit als nützlich erwiesen haben. Ich hoffe, auf diesem Weg etwas dazu beizutragen, dass die Betroffenen die Fallen besser erkennen, die das kulturell vorgegebene Deutungsschema ihren Beziehungen und ihrem Empfinden von Würde stellt – und dann auch seltener hineintappen bzw., wenn sie schon einmal hineingetappt sind, sich leichter wieder daraus befreien.

Außerdem möchte ich alternative Sichtweisen anbieten, die ich für zwischenmenschliche Beziehungen für förderlicher und für die beteiligten Personen für würdevoller halte. Es wäre ein schöner Lohn für meine Arbeit, wenn es Ihnen, liebe Leserinnen, dadurch in Zukunft besser gelingt, die Häufigkeit, die Intensität und insbesondere die Destruktivität von Kränkungen in Ihren Beziehungen zu verringern bzw. da, wo sie schon stattgefunden haben, so mit ihnen umzugehen, dass Ihre Beziehungen sich nicht nur davon erholen, sondern möglichst gestärkt daraus hervorgehen.

Ich habe den Text in relativ kurze Abschnitte unterteilt, um die Lektüre meiner Überlegungen möglichst leicht zu machen. Ab und zu habe ich in den Text sogenannte »*Zwischenbemerkungen*« eingefügt, die grafisch mit einem grauen Rand gekennzeichnet sind und in denen ich zusätzliche Erläuterungen oder Hinweise gebe; das Stichwort, auf das sich die jeweilige Zwischenbemerkung bezieht und das sie ankündigt, ist im vorangehenden Haupttext **fett** gesetzt. Diese Zwischenbemerkungen können Sie, wenn Sie mögen, auch übergehen, ohne dass dabei der Sinn des Haupttextes unverständlich würde. Wenn Sie aber den darin enthaltenen Anregungen und Literaturhinweisen nachgehen, können Sie Ihr Verständnis für das Thema noch erweitern.

Ich würde mich freuen, wenn dieser Text Ihnen dabei hilft, Ihre Beziehungen mit den Menschen, die Ihnen am Herzen liegen, auf für Sie befriedigende Weise zu gestalten. Wenn Sie mir Rückmeldungen geben möchten oder zusätzliche Fragen haben, können Sie mir gerne schreiben. Sie erreichen mich über meine Website:

www.frank-staemmler.de

Am Ende dieser Vorbemerkungen möchte ich noch jenen Personen danken, die mir beim Schreiben dieses Buches behilflich waren. Dazu gehören vor allem viele meiner Klientinnen und Klienten, die durch das, was sie mir offen und detailliert von ihren Erlebnissen mitteilten, wesentlich zu meinem Verständnis von Kränkungen beigetragen haben. In manchen Fällen war ich mit ihnen auch persönlich in ein Kränkungsgeschehen involviert, und zwar sowohl als derjenige, durch den sie sich gekränkt fühlten, als auch als derjenige, der selbst gekränkt war. Gerade diese unangenehmen Erfahrungen und die Bemühungen, sie zu verarbeiten, haben mir selbst sehr geholfen zu verstehen, wie Kränkungssituationen sich aus *beiden* Perspektiven anfühlen und was die Beteiligten zu deren Bewältigung beitragen können.

Wertvolle Anregungen zur Verbesserung meines Manuskripts habe ich besonders meiner Lebenspartnerin Barbara Staemmler zu verdanken, die seine Entstehung Schritt für Schritt begleitet und immer wieder mit vielen hilfreichen Gedanken kommentiert hat. Unsere nunmehr 45-jährige Partnerschaft ist ohne Zweifel eine der wichtigsten Quellen für meine Erfahrungen damit, wie es möglich werden kann, eine nahe menschliche Beziehung tragfähig und lebendig zu gestalten. Und auch meiner Tochter Katinka Staemmler, meiner Freundin Sonja Reiner, meinem Freund Rolf Merten sowie meiner Lektorin bei Klett-Cotta, Frau Dr. Christine Treml, möchte ich herzlich für ihre freundlich-kritische Beschäftigung mit dem Manuskript und für ihre nützlichen Anmerkungen danken. Es ist schön, mich mit diesen (und vielen anderen) integren Menschen verbunden und von ihnen unterstützt zu fühlen.

2 Ohne böse Absicht

Von der Unschuldsvermutung und dem Wesen der Tragik

Ich möchte diesen Text mit zwei Behauptungen beginnen, die Ihnen vielleicht auf den ersten Blick schwer verständlich erscheinen. Mir sind dafür zwar keine empirisch-wissenschaftlichen Belege bekannt (die wären methodisch wohl auch schwer zu erbringen), sie entsprechen aber vielen Erfahrungen aus meinem privaten und beruflichen Leben.

Die beiden Behauptungen, die ich zum Ausgangspunkt meiner weiteren Überlegungen machen möchte, lauten:

- Wenn Kränkungen zwischen Menschen stattfinden, sind sie in der Regel unbeabsichtigt.

- Deswegen (und aus mehreren anderen Gründen) kann man auch in den meisten Fällen keinem der Beteiligten die alleinige Verantwortung oder gar die Schuld dafür zuschreiben.

Obwohl ich von dieser ›Unschuldsvermutung‹ überzeugt bin, halte ich mich nicht für naiv und will keineswegs abstreiten, dass Menschen einander absichtlich kränken können und dies auch gelegentlich tun. Sie tun das jedoch in der Regel nicht im Sinne einer *initiativen* Handlung, sondern wenn sie es tun, dann eher als subjektiv erlebte *Reaktion*, z. B. wenn – meist *nach* einer bereits erfolgten Kränkung – ein Streit entbrannt ist und ein böses Wort das andere gibt. Gerade das Gekränktsein wird ja häufig als Lizenz zum Äußern von kleineren oder größeren Gemeinheiten oder als Legitimation zum Intrigieren aufgefasst.

Aber in zwischenmenschlichen Beziehungen wie in Partnerschaften, Freundschaften und therapeutischen Beziehungen zwischen Erwachsenen oder auch unter Kolleginnen am Arbeitsplatz, die meinen Erfahrungshintergrund bestimmen und die ich beim Schreiben im Sinn habe, sind die Beteiligten nach meinem Eindruck einander in der Regel erst einmal wohlwollend zugewandt und daran interessiert, dass es ihnen miteinander gut geht. Keiner nimmt Kontakt auf, nur um den Anderen zu kränken, und keiner hat sich vorgenommen, sich vom Anderen kränken zu lassen.

Wenn dennoch Kränkungen passieren, dann geschieht das meist für *beide* Beteiligte unerwartet und überraschend; darin liegt eine nicht zu unterschätzende, manchmal geradezu schicksalhafte und verhängnisvolle **Tragik**. (Dass ich diese Behauptung nicht einfach aus der Luft greife, sondern dass es neben meiner persönlichen Erfahrung auch gute Gründe dafür gibt, wird weiter unten noch deutlich werden.)

Zwischenbemerkung 2: Die klassische griechische Tragödie, z. B. die von König Ödipus (Sophocles 2012), schildert in besonders plastischer Weise die Situation von Menschen, die in bester Absicht Entscheidungen treffen, deren Schicksal aber gerade darin besteht, dass ihre Entscheidungen sich dennoch als falsch erweisen; **sie werden ›unschuldig schuldig‹:** Der Versuch, das Schlimme zu vermeiden, bleibt erfolglos oder erweist sich sogar als maßgeblich dafür, dass es entgegen der ursprünglichen Hoffnung eintritt.

Diese Tragik ist oft schwer zu verstehen. Die Unterstellung böser Absichten lässt sich als der Versuch interpretieren, das komplexe Geschehen übersichtlicher zu machen; sie vereinfacht den Sachverhalt jedoch über die Maßen und wirkt auf mich in vielen Fällen wie der hilflose und wenig hilfreiche Versuch, sich einen Reim auf etwas zu machen, das auf den ersten oder auch zweiten Blick undurchschaubar und unverständlich erscheint.

Daraus ergibt sich die Frage: Wenn Kränkungen in persönlichen

Beziehungen häufig unbeabsichtigt sind und keiner sie gewollt hat, wie können sie dann überhaupt stattfinden?

Um eine Antwort auf diese Frage zu finden, ist es notwendig, sich zunächst mit einer anderen Frage zu beschäftigen, nämlich der Frage danach, was Kränkungen eigentlich sind. Dazu gebe ich im folgenden Abschnitt 3 ein paar Beispiele; in Abschnitt 4 beschreibe ich dann einige bedeutsame Verhaltens- und Erlebensweisen, wie sie in den Beispielen zum Ausdruck kommen.

3 Sechs Beispiele

Von einer wortlos verlassenen Frau, zurückgeschickten Aktfotos, einem verweigerten Abschiedskuss, einem unerfüllten Wunsch, einem nicht bereitgestellten Porsche und einer hintergangenen Ehefrau – mit einer Zwischenbemerkung über Mobbing

Ich beginne mit einigen Beispielen, die verdeutlichen sollen, worin die Kränkungssituationen bestehen, von denen die folgenden Überlegungen handeln werden: Ich stelle mir dabei **volljährige, verantwortliche Personen** vor, die sich freiwillig an partnerschaftlichen, freundschaftlichen, kollegialen, therapeutischen und anderen mehr oder weniger nahen Beziehungen beteiligen.

> **Zwischenbemerkung 3:** »Natürlich gibt es *reale* Opfer. Weder Rassismus noch Sexismus sind Mythen; zu viele Männer und Frauen erleben immer noch die Ungerechtigkeit von Vorurteilen. Und auch Menschen mit Handicap sind immer noch mit entmutigenden Barrieren im Alltag konfrontiert« (Sykes 1992, 18 – H. i. O.), von der grausamen Realität von Völkermorden oder Massenvergewaltigungen ganz zu schweigen. Doch das ist hier nicht mein Thema, weswegen ich im Weiteren u. a. das Verhältnis von Erwachsenen zu Minderjährigen sowie Fälle von körperlicher Gewalt beiseite lasse.
>
> Was ich in diesem Text über »Opfer« sagen werde, ist im Zusammenhang von Kränkungen zwischen selbstverantwortlichen Erwachsenen im Sinne einer psychologischen Konstellation zu verstehen und kann z. B. nicht ohne Weiteres auf Menschen angewandt werden, die zu Leidtragenden sozialer Diskriminierung oder sexuellen und anderen Machtmissbrauchs gemacht werden (vgl. auch meine Zwischenbemerkung 4 zum Thema »Mobbing« am Ende dieses Abschnitts). **Es stellt einen kategorialen Unterschied dar,**

> ob eine autonome Person sich den Opferstatus im Sinne einer
> sozialen Rolle selbst zuschreibt oder ob einem Menschen durch
> Macht- oder Gewaltausübung von außen der Status des Opfers
> *aufgezwungen* wird.

In den Beziehungen, von denen dieser Text handelt, kennen die Beteiligten Kränkungen meist aus *beiden* Perspektiven, wenn auch zu verschiedenen Zeitpunkten: Mal sind sie diejenigen, die bei ihrem Gegenüber eine Kränkung hervorrufen, mal sind sie diejenigen, die sich durch den Anderen gekränkt fühlen. Und häufig wechseln sie zwischen beiden Positionen in schneller Folge hin und her.

Erstes Beispiel: Eine wortlos verlassene Frau

Er war abends spät nach Hause gekommen, hatte etwas von einem »sehr anstrengenden Tag« vor sich hin gemurmelt und war ins Bett gegangen. Sie schliefen seit einigen Monaten auf seinen Wunsch hin in verschiedenen Zimmern. Er hatte das damit begründet, dass er in der letzten Zeit so schlecht schlafe und sie nicht stören wolle.

Nun saß sie am Frühstückstisch und wartete auf ihn. Als er schließlich aus dem Bad kam, wirkte er irgendwie verstört auf sie. Oder war er nur verschlafen? Sie fragte ihn, was mit ihm los sei. Er antwortete ausweichend, nahm sich im Stehen eine Tasse Kaffee, sagte, »Ich muss heute schnell weg«, nahm seine Aktentasche und ging.

Als sie im Laufe des Vormittags den Briefkasten öffnete, fand sie zu ihrer großen Überraschung darin einen Brief von ihm vor. Sie begann, ihn zu lesen, und ihr wurde schwindelig. »Liebe X., es tut mir leid, aber ich kann nicht anders. Ich konnte es Dir nicht sagen. Ich habe mich unsterblich verliebt. Ich möchte nur noch mit ihr zusammen sein und komme nicht zurück. Ich wünsche Dir alles Gute, Dein Y.«

Ein paar Tage später kam sie zu mir zum Erstgespräch; sie wirkte immer noch fassungslos, wie benommen. Dabei ging es für sie nicht nur um die Tatsache, *dass* er sie verlassen hatte; das war schon schockierend genug. Fast noch mehr ging es für sie um die Art, *wie* er sich von ihr getrennt hatte – ohne ein persönliches Gespräch, ohne jede Auseinandersetzung, ohne Vorwarnung … Sie fühlte sich nicht nur verlassen, sondern auch extrem gekränkt.

Zweites Beispiel: Einige zurückgeschickte Aktfotos

Einer meiner Klienten hatte von einer Frau, während er mit ihr eine Affäre hatte, Aktfotos gemacht. Nachdem sie die Affäre beendet hatte, empfand er es als unpassend, dass die intimen Bilder noch in seinem Besitz waren. Er wollte sie aber aus Respekt davor, dass sie für seine frühere Geliebte und für ihn selbst wichtig gewesen waren, auch nicht einfach vernichten. Daher entschied er sich, die Fotos an die darauf abgebildete Frau zu schicken und es ihr zu überlassen, was sie damit machen wollte. In diesem Sinne hatte er ein kurzes Begleitschreiben formuliert und beigelegt.

Da sie sich nach der Trennung von ihm mit der Bitte um Unterstützung an mich gewandt hatte, lernte ich auch ihre Seite des Vorgangs kennen: Sie verstand die Zusendung als Ausdruck mangelnder Wertschätzung der Beziehung, die sie miteinander gehabt hatten, und fühlte sich durch die »Entsorgung« der Fotos, wie sie seine Zusendung nannte, entwertet und gekränkt: Sie meinte, ihr ehemaliger Liebhaber wolle nun die frühere Liebesbeziehung mit ihr ungeschehen machen und auch die Erinnerung an sie, die Geliebte, loswerden.

Drittes Beispiel: Ein verweigerter Abschiedskuss

Eines morgens, als er das Haus verließ, um zur Arbeit zu gehen, bat er seine Frau um einen extra Abschiedskuß. Seine Frau … verweigerte ihm diesen extra Kuß auf eine schelmische Art und

Weise. Auf dem Weg zur Arbeit vergaß er diesen Vorfall und war bereits ganz mit den Aktivitäten in seinem Büro beschäftigt, als er von seiner Frau angerufen wurde. Diese sagte ihm, daß es nicht sehr nett von ihr gewesen wäre, ihn nicht zu küssen, als er das Haus verließ, und entschuldigte sich dafür. Gnädig akzeptierte er die Entschuldigung: Die Unterhaltung war sehr kurz. Einige Momente später bemerkte er, daß er zunehmend deprimiert und wütend darüber wurde, daß seine Frau ihn am Morgen so schlecht behandelt hatte. Den ganzen Tag über dachte er zwanghaft daran, wie grausam und kalt sie doch sei, wie wenig sie seine Bedürfnisse verstünde und daß er nicht den ganzen Rest seines Lebens damit verbringen wolle, von dieser Frau, die ihn nicht ernst nahm und ihn nicht schätzte, so erniedrigt zu werden. Den ganzen Tag über schwankte er zwischen dem Gefühl der Depression angesichts des Gedankens daran, wie unglücklich er doch war, das Ziel solcher Bösartigkeiten zu sein, und dem Gefühl stolzer Wut, wenn er daran dachte, daß er dies nicht mehr länger mitmachen würde. Er wiederholte in Gedanken verschiedene sehr eloquente Formulierungen dessen, was er seiner Frau am Abend sagen wollte. Als er nach Hause zurückkam, war seine Ehefrau in guter Stimmung, er aber begann sofort mit dem längst geplanten Angriff. Er erzählte der Ehefrau, wie sehr er durch ihr Verhalten vom frühen Morgen verletzt worden sei, daß diese Verletzung nur ein Glied in einer endlosen Kette von Verletzungen gewesen sei, die sie ihm mit ihrer Kälte angetan hätte, und daß er dies nicht mehr länger aushielte. (Cooper 1996, 45)

Viertes Beispiel: Ein unerfüllter Wunsch

Eine langjährige Klientin hatte ca. zwei Stunden nach einer unserer Therapiesitzungen, die kurz vor 13 Uhr endete, noch eine andere Verabredung in der Nähe meiner Praxis. Sie fragte mich zu Beginn unserer Sitzung, ob sie danach die Mittagspause in meiner Praxis verbringen könne, was ich ihr mit der Begründung verweigerte, dass ich selbst nicht da sei und die Praxis mit ihren vertraulichen Akten und schutzwürdigen Daten in meiner Abwesenheit niemandem zugänglich machen wolle. Sie schien das zunächst zu akzeptieren, und wir arbeiteten wie üblich miteinander, ohne dass mir etwas Beeinträchtigendes aufgefallen wäre.

Am Ende unserer Stunde, nachdem wir uns für das nächste Mal verabredet hatten, wiederholte sie – dieses Mal in nachdrücklicherem, forderndem Ton – ihren Wunsch, während meiner Mittagspause die Praxis nutzen zu wollen. Ich antwortete ihr kurz, dass ich diese Bitte schon beantwortet und sich an meiner Haltung dazu nichts geändert hätte. Sie schnappte sichtbar ein und verließ mich ohne ein weiteres Wort, d. h. auch ohne Abschiedsgruß.

Die folgenden Sitzungen verbrachte sie überwiegend damit, mir vorzuwerfen, wie uneinfühlsam ich mit ihren Bedürfnissen umgegangen sei, in welch eiskaltem Ton ich mit ihr gesprochen hätte, dass sie dergleichen nie von mir erwartet hätte, ich vielmehr die Hoffnungen, die sie in die Therapie gesetzt hatte, zerstört und sie wie ein Stück Dreck behandelt hätte. Wahrscheinlich sei ich sowieso ein Scharlatan. Sie überlege sich ernsthaft, die Arbeit mit mir zu beenden, obwohl sie dadurch um Jahre in ihrer Entwicklung zurückgeworfen würde – wenn ich nicht einsähe, was ich ihr angetan hätte, und mich ausdrücklich bei ihr entschuldigen würde. Nur dann könne sie einigermaßen sicher sein, dass ich sie nie wieder so miserabel behandeln würde, und könne dann – vielleicht! – eines schönen Tages wieder Vertrauen zu mir fassen.

Fünftes Beispiel: Ein nicht bereitgestellter Porsche

Omar Sharif ist nach einem handgreiflichen Streit mit einem Parkplatzwächter zu einer zweijährigen Bewährungsstrafe verurteilt worden. Ein Richter in Beverly Hills erlegte dem »Doktor-Schiwago«-Darsteller zudem 15 Therapie-Stunden auf, damit dieser seine Wutanfälle in den Griff bekommt. Der Streit … entbrannte, weil Sharif verärgert war, dass sein Porsche nicht bereitstand, als er das Restaurant verließ. (*Main-Post* 15. 2. 2007)

Sechstes Beispiel: Eine hintergangene Ehefrau

Linda ist mir eine gute Freundin und enge Vertraute. Als wir uns vor vielen Jahren kennenlernten, ›verliebten‹ wir uns ineinander – rein platonisch, was mich zunächst verwunderte, denn ich fand Linda durchaus attraktiv, und sie mich wohl auch. Erst später erfuhr ich, dass sie auch mit ihrem Ehepartner eine zwar intensive und vertrauensvolle, aber unerotische Beziehung lebte. Irgendwann erzählte sie mir dann, dass sie als Jugendliche einen traumatischen sexuellen Missbrauch erlebt habe, der nachhaltige Wirkungen auf ihre Körperlichkeit mit sich gebracht hatte und mir ihre asexuelle Ausstrahlung nachvollziehbar werden ließ.

Eines Tages erhielt ich von ihr die Nachricht, sie habe herausgefunden, dass ihr Mann über mehrere Jahre hinweg, wenn er auf Auslandsreisen unterwegs war, eine Affäre gehabt hatte. Was sie vor dem Hintergrund ihres eigenen sexuellen Desinteresses weniger belastete, war die Tatsache, dass ihr Mann mehrfach mit der Geliebten geschlafen hatte. Es machte ihr viel mehr aus, dass er sie hintergangen und ihr vorgegaukelt hatte, er sei ihr treu. Der Vertrauensbruch war die wesentliche Kränkung und stellte für sie das Hauptproblem dar, bei dessen Bewältigung sie mich nun um Unterstützung bat.

In der ersten Zeit drehten sich unsere Gespräche hauptsächlich um die Frage, wie es ihr gelingen könnte, sich ihrem Mann trotz des stattgefundenen Vertrauensbruchs wieder so weit zu öffnen, dass eine konstruktive Kommunikation möglich und damit die Voraussetzung für eine eventuelle gemeinsame Verarbeitung der eingetretenen Beziehungskrise geschaffen würde. Nachdem sie und ihr Mann diese erste Phase großenteils gemeistert hatten, wandte sie sich mit der Frage an mich, wie ich als Mann es mir erklären könnte, dass ihr Partner fremdgegangen war. Ich äußerte u. a. die Vermutung, er könnte, auch wenn er nach eigenem Bekunden die sexuellen Begegnungen mit ihr nicht wirklich vermisst hatte, dennoch nach Bestätigung für seine Männlichkeit gesucht haben.

Linda reagierte gekränkt. Meine Vermutung war für sie gleichbedeutend mit einer Kritik daran, dass sie ihrem Partner die eventuell gewünschte Anerkennung als Mann vorenthalten hatte. Mit dieser vermeintlichen Kritik an ihr hatte ich nun in ihren Augen Partei für ihren Mann ergriffen und seinen Vertrauensbruch nicht nur gerechtfertigt, sondern darüber hinaus auch noch ihr die Schuld daran zugewiesen.

Die beschriebenen sechs Beispiele beziehen sich auf Kontakte zwischen Menschen in privaten Lebenslagen, wie sie im Mittelpunkt meiner weiteren Überlegungen stehen werden. Daneben gibt es natürlich auch andere Situationen, speziell berufliche, in denen Kränkungen eine Rolle spielen können; diese sind allerdings nicht das Hauptthema des vorliegenden Buches, da sie sich hinsichtlich der Faktoren, die dort wirksam werden, durchaus von privaten Interaktionen unterscheiden können, z. B. wenn in Betrieben oder Behörden versucht wird, Kränkungen von Mitarbeiterinnen *systematisch* hervorzurufen, um bestimmte Interessen durchzusetzen. Hier ist das gemeint, was unter dem Stichwort »**Mobbing**« in zahlreichen Veröffentlichungen, nicht aber in meinem Text diskutiert wird. Leserinnen und Lesern, die sich damit eingehender befassen möchten, schlage ich vor, in der entsprechenden Literatur nachzulesen (z. B. bei Litzcke, Schuh & Pletke 2013).

> **Zwischenbemerkung 4:** Wenn es um Kränkungen geht, die im *beruflichen* Kontext stattfinden, kommt in den letzten Jahren immer häufiger das Wort »Mobbing« ins Spiel. Das ist aus meiner Sicht nicht unproblematisch, da mit diesem Wort eine ganze Bandbreite

von Ereignissen beschrieben wird, die sich zwischen zwei Extremformen erstreckt: Das eine Ende des Spektrums betrifft das, was mit dem Wort »Mobbing« ursprünglich gemeint ist, nämlich dass **»eine Person am Arbeitsplatz häufig und über einen längeren Zeitraum schikaniert, drangsaliert oder benachteiligt und ausgegrenzt wird.** ... Konkret kann man sich Mobbing beispielsweise so vorstellen: Gespräche verstummen, wenn der Betroffene ins Zimmer kommt, die Türe wird vor der Nase geschlossen, Arbeitsabläufe werden so unzureichend erklärt, dass es Probleme geben muss, oder die Arbeit wird dem Betroffenen ganz entzogen. Menschen sollen ausgestochen werden durch Falschinformationen, Denunziationen, Bloßstellen, sexuelle Belästigung oder Rufmord. Mobbing ist ein Begriff für Dinge, die es schon lange gibt: Ignorieren, Einschüchtern, Bloßstellen, Intrigenspinnen« (Litzcke, Schuh & Pletke 2013, 101f.).

Der Hintergrund für solche Schikanen besteht z. B. darin, dass in Firmen Arbeitsplätze abgebaut werden sollen. Vorgesetzte und auch Mitarbeiterinnen werden dann dazu veranlasst, den nicht mehr erwünschten Arbeitnehmern das Leben schwer zu machen, um sie dazu zu bringen, dass sie von sich aus kündigen, weil die Firma auf diese Weise in ihrer Handlungsfreiheit weniger eingeschränkt ist (etwa wegen bestehenden Kündigungsschutzes) oder Kosten sparen kann (etwa wegen ansonsten fälliger Abfindungszahlungen). Da Arbeitnehmerinnen sich in einer gewissen Abhängigkeit hinsichtlich der Sicherheit ihres Arbeitsplatzes befinden, spielen hier objektive Machtverhältnisse eine Rolle (vgl. meine Zwischenbemerkung 3 am Anfang dieses Abschnitts).

Am anderen Ende des Spektrums findet man Berufstätige, die alle Vorgänge, die ihnen nicht gefallen (z. B. eine unterbliebene Beförderung), als bösartig gegen sich persönlich gerichtete Schikane interpretieren und auf eine Weise als Kränkung verarbeiten, bei der sie sich in die Selbstdefinition als Opfer geradezu hineinsteigern – manchmal in beinahe paranoider Form. Dies kann dazu dienen, die selbstkritische Auseinandersetzung mit eigenen Leistungs- und Persönlichkeitsproblemen sowie sozialen Ängsten und problematischen Verhaltensweisen zu vermeiden.[2]

Zwischen diesen Extremen findet man vielerlei Mischformen, bei denen es für den Außenstehenden oft kaum möglich ist herauszufinden, welche Komponenten in welchem Ausmaß eine Rolle spielen. Hier ist vieles eine Frage der Interpretation. Ohne schikanöses Verhalten von Vorgesetzten oder Mitarbeiterinnen deswegen zu ignorieren, zu bagatellisieren oder zu entschuldigen, kann man denen, die sich von Mobbing betroffen fühlen, aber in jedem Fall psychotherapeutisch helfen, an ihrer Kränkbarkeit etwas zu ändern, sodass sie wenigstens im Hinblick auf diese Komponente eine Entlastung erleben und die Schikanen, denen sie ausgesetzt sind, weniger persönlich nehmen und weniger selbstdestruktiv verarbeiten. Für die anderen (z. B. arbeitsrechtlichen) Komponenten gibt es vielerorts Hilfsangebote, z. B. durch Beratungsstellen bei Gewerkschaften und anderen Institutionen.

---

2 Bestimmte Eigenschaften und Verhaltensweisen können eine diskriminierende Behandlung ›herausfordern‹; dies wird in der Literatur z. B. unter der Überschrift »Vom potentiellen Opfer ausgehende viktimologische Anreize« (Zuschlag 1994, 31) diskutiert. Die Zuordnung solcher »Anreize« zum »Opfer« kann allerdings problematisch sein und die Gefahr heraufbeschwören, dass institutionelle Gewalt verschleiert und die davon Betroffenen verantwortlich gemacht, nicht unterstützt, sondern womöglich auch noch beschuldigt werden. In einem rassistischen sozialen Umfeld kann man einem aus Afrika stammenden Mitarbeiter z. B. seine Hautfarbe (»dunkelhäutig oder durch Gestalt, Gesichtsform, Haarfarbe deutlich als Ausländer identifizierbar« – Zuschlag 1994, 32) leicht als »viktimologischen Anreiz« anlasten, ohne zu thematisieren, dass es der rassistische Kontext ist, der die Hautfarbe erst dazu macht.

4 Persönlich genommen

Von nicht erhaltener Aufmerksamkeit, beleidigtem Rückzug, aggressiver Flucht in die Aktivität, der Suche nach Rettern, dem Loswerden von Ärger, von Rache und ›Gefühlsstürmen‹

Die Beispiele haben einige Gemeinsamkeiten: Zu ihnen gehört vor allem der Eindruck der Betroffen, nicht gesehen, nicht verstanden, nicht beachtet oder nicht geachtet, d. h. nicht mit der gewünschten Aufmerksamkeit und Zuwendung bzw. dem erwarteten Respekt oder dem erhofften Verständnis behandelt worden zu sein. Sie erleben sich als übergangen, ignoriert, nicht genügend anerkannt, ungerecht behandelt oder vernachlässigt und fühlen sich dadurch herabgesetzt, abgewertet und verlassen. Denn sie stellen bestimmte Erwartungen oder Ansprüche an die Person, von der sie sich nunmehr dadurch gekränkt fühlen, dass diese hinter eben diesen Erwartungen zurückgeblieben ist. Das nehmen sie *persönlich*: Sie verstehen das Verhalten der anderen Person als eine negative Stellungnahme, die sie auf sich selbst beziehen.

Die Anlässe, die Menschen dafür heranziehen können, sich nicht gesehen und dadurch gekränkt zu fühlen, sind sehr vielfältiger Art: ein scheinbar harmloser Mangel in der Etikette oder im Einhalten von Gewohnheiten (z. B. ein unterlassener Händedruck, ein nicht pünktlich erfolgter Service wie in Beispiel 5, der nicht gewährte Kuss in Beispiel 3), Abgelenktheit oder Unkonzentriertheit (z. B. durch ein angeschaltetes Fernsehgerät im Restaurant), eine Unachtsamkeit (ein nicht angebotener Drink), ein Blick auf die Uhr oder aufs Mobiltelefon, ein Vergessen oder Übergehen (eine nicht erfolgte Gratulation zum Geburtstag), ein abschätzig oder unwillig erlebter Blick oder Gesichtsausdruck, ein nicht gewährter Gefallen (der nicht erlaubte Mittagsaufenthalt in Beispiel 4), eine Abgrenzung (die zurückgeschickten Fotos in Beispiel 2), eine kritische Anmerkung, ein witzig gemeinter Kommentar, eine Taktlosigkeit (z. B. wird etwas benannt, über das man aus Sicht des Betroffenen besser hinweggegangen wäre), eine Missachtung oder Zurückweisung (das unangekündigte Verlassenwerden in Beispiel 1), eine unterbliebene Gehaltserhöhung, eine Bloßstellung (besonders in irgendeiner Form von Öffentlichkeit), eine Etikettierung (z. B. »Du bist pedantisch.«) und natürlich auch ein offener Angriff oder eine explizite Beleidigung. – Die Aufzählung ließe sich fortsetzen und würde sogar Anlässe wie die Erkrankung an einem Karzinom einschließen: »Ich bin so beleidigt, so dermaßen beleidigt und verletzt von diesem Ding. Mit 47 Jahren. Ist echt eine unglaubliche Beleidigung!« (Schlingensief 2009, 72)

Wenn ein solcher Anlass als Kränkung erlebt wird, kann er eine ganze Palette an negativen Emotionen hervorrufen: Die Betroffenen antworten in der Regel mit einem von zwei Reaktionsmustern, pendeln oft aber auch zwischen diesen beiden Mustern hin und her; das eine Muster könnte man allgemein als »Angriff« (fight), das andere als »Rückzug« (flight) charakterisieren. In selteneren Fällen, die ich hier nicht weiter diskutieren möchte, gibt es auch noch die Reaktion des Erstarrens (freeze). In allen Fällen handelt es sich um Reaktionen auf erlebte Bedrohungen! Das ist wichtig zu verstehen, denn die Betroffenen befinden sich subjektiv durchaus in einer Notsituation, auch wenn der äußere Anlass geringfügig erscheinen mag; die Verhaltensweisen, die sich daraus ergeben und die ich im Weiteren beschreiben werde, lassen sich ohne Verständnis für diese Not nicht nachvollziehen, für die die Betroffenen Mitgefühl verdienen und brauchen.

Das Reaktionsmuster des Rückzugs kann sich entweder nur auf die Person beziehen, die die Kränkung ausgelöst hat, es kann aber auch einen größeren Personenkreis betreffen oder dazu führen, dass die gekränkte Person sich vollständig in ihre eigenen vier Wände einschließt. Der Rückzug hat den Vorteil der Konfliktvermeidung, geht aber meist mit einem Gefühl der Niedergeschlagenheit einher; der Mensch ist passiv, bedrückt und traurig, er neigt zu autoaggressiven Gedanken oder Handlungen, fühlt sich elend, schlecht, wertlos oder wund, in extremeren Fällen geschunden, wie gehäutet oder gefoltert. Negativität und Trotz sind die verzweifelten Mittel, mit denen er vor sich und den Anderen versucht, die Fassade einer Unabhängigkeit aufrechtzuerhalten, die er schon längst verloren hat.

In jedem Fall verhindert der Rückzug den Dialog; er dient dem defensiven Selbstschutz vor möglichen weiteren Kränkungen und verbaut damit zugleich alle Chancen für eine Klärung:

> Der beleidigte Rückzug ist eine der fatalsten Verhaltensweisen innerhalb einer Beziehung – nicht zuletzt deswegen, weil er jeden Problemdruck umgeht, dessen Aufarbeitung das Paar weiterbrächte. … Gekränkt und kopfschüttelnd ziehen wir uns im Grunde nur deswegen zurück, weil der andere nicht so fühlt wie wir selbst – und ein solcher Anspruch ist nichts anderes als blanke Kolonialisierung aus der unbemerkten Haltung heraus, meine eigenen Empfindungen seien der Maßstab auch für den anderen. (Moeller 2000, 181)

Wenn ein direkter Kontakt mit demjenigen, der die Kränkung ausgelöst hat, unumgänglich ist, wird es für die gekränkte Person sehr schwierig, sich ›normal‹ zu verhalten, denn sie fühlt sich hin- und hergerissen zwischen der Neigung, den Kontakt überhaupt zu vermeiden bzw. sich nichts anmerken zu lassen, und dem Impuls, den Anderen vorwurfsvoll spüren zu lassen, was er ihr ›angetan‹ hat. Daraus ergeben sich vielfache Formen ambivalenten oder gehemmten Ausdrucks: Manche können dem Anderen nicht in die Augen schauen, manche zeigen sich einsilbig, missmutig, leicht reizbar oder ›stinkig‹ bzw. verbreiten ähnlich unangenehme Atmosphären – kurz: Die fragliche Person verhält sich ›eingeschnappt‹, wie es im Volksmund heißt.

Dabei ist der Gekränkte nachtragend[3] und kommt nicht zur Ruhe; seine Gedanken kreisen **grüblerisch** und **selbstquälerisch**[4] um die Begebenheit, die ihn getroffen hat. Diese nagende Form des Haderns wird in der psychologischen Fachliteratur mit dem englischen Wort »*rumination*« beschrieben und gilt als eine ungesunde Fixierung der Aufmerksamkeit auf belastende Gefühle, die mit Erinnerungen an negative Erfahrungen und deren unerfreuliche Folgen einhergehen.

Zwischenbemerkung 5: Wenn der gekränkte Rückzug extreme Formen annimmt, steigern sich die **Symptome von Niedergeschlagenheit und des selbstquälerischen Grübelns** manchmal bis in krankhafte Formen der Verbitterung. Linden rechnet sie dann zu den sogenannten »Anpassungsstörungen« und hat den Begriff der »posttraumatischen Verbitterungsstörung« geprägt, »die nach einschneidenden, wenn auch nicht außergewöhnlichen Lebensereignissen auftreten kann, wie beispielsweise einer Kündigung oder Scheidung. Charakteristische Auslöser sind Kränkungsereignisse, die zentrale Grundannahmen des Betroffenen verletzen.« (2005, 1)

Manchmal überlegt der unter der Kränkung Leidende sogar, sein Leben zu beenden. Und in vielen Fällen schwört er sich grollend, nie wieder etwas mit derjenigen zu tun zu haben, die er als die Verursacherin seines Leidens betrachtet: »Für mich ist die gestorben.« Das hat durchaus einen aggressiven Aspekt; man kann darin sogar eine symbolische Vernichtung sehen. Zudem soll die Andere in vielen Fällen mit dem Kontaktabbruch bzw. dem Verlust der Bezie-

---

3 Nachtragend zu sein, so könnte man auch formulieren, ist oft dasselbe wie unfähig zu sein, eine Kränkung zu bewältigen.
4 Neben diesem masochistischen Aspekt gibt es auch den sadistischen, denn das Nachtragen quält nicht nur den Gekränkten, sondern auch die, denen er die Kränkung – mit Leidensmiene oder mit Vorwürfen – immer wieder vorhält.

hung für ihre ›Übeltat‹ bestraft werden. Soliman zitiert einen Betroffenen, der den Kontakt mit seiner Mutter abgebrochen hatte, mit den Worten:»Ich habe sie dafür bestraft, dass sie mich so fertiggemacht, mein Leben kaputtgemacht hat« (2011, 96). – Damit ist der Übergang zum zweiten Reaktionsmuster markiert.

Im Falle des aggressiven Reaktionsmusters ist das gedankliche Kreisen mit einem im Vergleich zum passiven Rückzug aktiveren, aufgewühlten Gefühl verbunden. Der Betroffene ist unruhig und getrieben, beschäftigt sich geradezu zwanghaft mit der Person, durch die er sich gekränkt fühlt, malt sich zahllose Möglichkeiten aus, wie er dieser Person gegenübertreten könnte, wie er ihr seinerseits eine Kränkung beibringen, sie demütigen und sie dann mit Hohn oder Schadenfreude überziehen, ihr anderweitig schaden und ihr – oft auch nach langer Zeit noch[5] – etwas dem Ähnliches antun könnte, was er selbst erlebt hat.

Zu diesen aggressiven Handlungen gehören auch Vorhaltungen und Beschuldigungen, die der Gekränkte (in Gedanken oder Worten) jener Person macht, durch die er sich gekränkt fühlt. Sie geben ihm das Gefühl, *aktiv* zu sein und etwas *tun* zu können – was im Vergleich zur Niedergeschlagenheit zeitweise leichter zu ertragen ist; in der Literatur findet man hier gelegentlich die Formulierung von der»Flucht in die Aktivität«. Häufig versucht die Betroffene, sich gegenüber dem ›Täter‹ in eine möglichst starke Stellung und damit in die Täter-Position zu bringen; so hofft sie, den Spieß umdrehen und den ›Übeltäter‹ in die Defensive, d. h. nunmehr seinerseits in die Position des schwachen Opfers drängen zu können.

Diesem Zweck dienen (mindestens) zwei Schachzüge. Der erste besteht darin, sich selbst der ›Berechtigung‹ des eigenen Gekränktseins und der daraus abgeleiteten Aggressivität gegen den ›Täter‹ zu vergewissern. In manchmal nahezu endlosen Selbstgesprächen

---

5 Salcher (2011, 70) bezeichnet Kränkungen als»Zeitbomben, die mit einem Verzögerungsmechanismus explodieren« können. Sie sind oft aber auch ›Serienbomben‹, die über längere Zeit hinweg immer wieder explodieren.

(vorzugsweise schlaflos zwischen drei und fünf Uhr morgens, aber auch zu anderen Tages- und Nachtzeiten) wird die Gemeinheit und Bösartigkeit des ›Täters‹ eingehend und mit immer neuen, häufig moralisierenden Argumenten festgeschrieben. – Mit »Moralisieren« meine ich jene selbstgerechte Attitüde, mit der man versucht, einen Anderen unter Berufung auf ethische Maßstäbe zu verurteilen oder unter Druck zu setzen, wobei es allerdings vornehmlich um die Verurteilung oder die Ausübung von Druck und nicht primär um das Vertreten einer Ethik geht: »Wo immer der Eindruck entsteht, daß die Personen nicht den Werten, sondern die Werte den Personen dienen, verkehrt sich Ethik in Moralismus« (Simon 1997, 122).

Das ist schon daran zu bemerken, dass es sich bei dieser Art des Sammelns von Argumenten keineswegs um ein faires Verfahren handelt, das darum bemüht wäre, den Maßstäben von Gerechtigkeit oder Vollständigkeit zu entsprechen. Mögliche entlastende Gegenargumente werden nämlich kaum zugelassen oder ernsthaft erwogen. Stattdessen wird die ›Normalität‹ der eigenen Gefühle beschworen und damit die vermeintliche Berechtigung des Schuldvorwurfs an den angeblichen Täter begründet. Das voraussehbare Fazit lautet dann: Selbstverständlich würde *jeder* andere Betroffene ein Verhalten, wie es der ›Täter‹ mir gegenüber gezeigt hat, ebenso als üble Kränkung empfinden! Anders gesagt: Ich kann in dieser Situation gar nichts anderes fühlen als gekränkt zu sein.

Dabei spielt es für den Gekränkten kaum eine Rolle, dass seine Verallgemeinerung weder beweisbar noch plausibel ist; er kann sich natürlich nicht auf solide Empirie berufen, und außerdem lässt die allgemeine Lebenserfahrung eher das Gegenteil vermuten: Es gibt eigentlich immer mehr oder weniger zahlreiche Menschen, die eine gegebene Situation *anders* erleben und bewerten als man selbst. Aber die Gedanken des Betroffenen lassen für solche Relativierungen meist keinen Raum.

Weil die Opferrolle immer mit dem Gefühl der Schwäche verbunden ist, muss sich die gekränkte Person Rückhalt für ihre einseitige Sicht der Situation verschaffen. Zu diesem Zweck bringt sie häufig – neben der Opfer- und der Täterrolle – eine dritte Rolle ins Spiel, nämlich die des *Retters* (vgl. Berne 1983; Karpman 1968), und macht nun einen zweiten Schachzug: In ihrer Fantasie oder in tatsächlichen Kontakten mit Dritten bemüht sie sich, Verstärkung für die vermeintliche Berechtigung und Richtigkeit ihrer Opfer-Sicht von den Ereignissen zu mobilisieren. Sie sucht mitleidige Verbündete, die sich auf ihre Seite schlagen, ihr in der **Schwarzmalerei bezüglich des ›Täters‹** beipflichten und ihr als Helfer und Retter in der Not beistehen.

> **Zwischenbemerkung 6:** »Opfergeschichten machen uns ... zu unschuldigen Leidtragenden. Das Thema ist immer dasselbe. Die andere Person irrt sich und ist böse, wir sind immer recht und gut. Andere Leute machen schlimme Dinge und wir leiden darunter. ... **Wenn Sie eine Opfergeschichte erzählen, ignorieren Sie die Rolle, die Sie bei dem Problem spielen.** Sie erzählen Ihre Geschichte auf eine Weise, die vorsätzlich Fakten in Bezug darauf meidet, was *Sie* getan (oder nicht getan) haben und das zum Problem beigetragen haben könnte.« (Patterson, Granny, McMillan & Switzler 2006, 129 f. – H. i. O.)

Bei der ›Rekrutierung‹ ihrer Verbündeten im Kampf gegen den ›Täter‹ trifft die gekränkte Person nicht nur die ihr erfolgversprechend erscheinende Auswahl an Kandidaten, sondern präsentiert ihnen selbstverständlich auch ausschließlich die *eigene* Version der Geschichte. Die Perspektive des ›Täters‹, hinter dessen Rücken solche Gespräche in der Regel geführt werden, wird dabei meist so radikal ausgeblendet, dass noch nicht einmal die theoretische Möglichkeit in Betracht gezogen wird, er könnte eine andere und gleichermaßen gültige Sicht der Dinge haben.[6] Eine solche Gültigkeit

---

6 Dass diejenigen, die der Gekränkte dann als seine Verbündeten betrachtet, gleichfalls dem Denken in Kategorien des kulturell verankerten Täter-Opfer-Schemas gefolgt

kommt für das ›Opfer‹ – so irrational das auch sein mag – schon allein deswegen nicht in Betracht, weil der Täter ja offenbar nicht so leidet wie es selbst; denn das eigene Leid ist für das ›Opfer‹ ja das entscheidende Kriterium für die Gültigkeit seiner Sichtweise und die Brille, durch die es den gesamten Vorgang sieht.

Die Urteile von Kolleginnen oder Freunden, mit denen die gekränkte Person den Vorgang – nicht selten im Stil von negativem Tratsch, übler Nachrede und Intrigen – diskutiert, werden dann u. U. später dem ›Täter‹ vorgehalten, indem man sich auf die Verbündeten beruft und von ihnen behauptet (ob es stimmt oder nicht), sie würden die Kränkungssituation genauso bewerten wie man selbst und die Empörung über das Verhalten des ›Täters‹ verstehen und teilen.[7] Natürlich versucht die Betroffene dabei nicht nur, die Anderen von ihrer Sicht der Dinge zu überzeugen und sich dadurch den Rücken zu stärken, sondern auch und vor allem, sich hier kompensatorisch das dringend erwünschte Gefühl der Verbundenheit wieder zu verschaffen, das sie in der Beziehung zum ›Täter‹ verloren hat.

Ihm gegenüber wird die Abgrenzung mithilfe der Retterinnen dann umso radikaler vollzogen – häufig durch gemeinsame Abwertung, manchmal auch durch die subtile oder unverhohlene Drohung mit sozialer Ächtung. Die ausgesprochene oder unausgesprochene Botschaft an den ›Täter‹ lautet dann:»Alle Welt sieht dich im Unrecht.« In Klammern:»Und wenn du nicht einsiehst, dass du im Unrecht bist, wirst du aus der menschlichen Gemeinschaft ausgeschlossen.«

Die gekränkte Person ist inzwischen, gestärkt durch die eigene Empörung sowie den Zuspruch der Retter, selbst zur Täterin geworden, meist jedoch ohne es selbst zu bemerken, weil sie sich ja immer

---

sein könnten, kann der Betreffende in der Regel natürlich allein deswegen nicht in Erwägung ziehen, weil er selbst in diesem Denken gefangen ist und ihm keine andere Perspektive zugänglich ist.

7 Dies kann für den Beschuldigten dann der Anlass sein, sich gleichfalls Verbündete zu suchen, die bereit sind, ihn freizusprechen. – Ich habe schon ganze Freundeskreise in zwei feindliche Helferlager zerfallen sehen.

noch als Opfer definiert und aus diesem Selbstbild die Legitimation und die Energie bezieht, mit der sie nun dem ursprünglichen ›Täter‹ nachstellt.

Dabei handelt es sich neben dem Versuch, Schuldgefühle hervorzurufen, um ein weiteres Mittel, den Täter unter Druck zu setzen, zu bestrafen oder mithilfe einer mehr oder weniger unverblümten Drohung zumindest für die Zukunft zur Unterlassung seines Verhaltens zu veranlassen – im Klartext:»Wenn du so etwas noch einmal tust, steht niemand auf deiner Seite, und keiner will mehr etwas mit dir zu tun haben!« (=»Für dich wird es keine Retter geben!«) Dieses Muster kann in extremen Fällen die Qualität »emotionaler Erpressung«[8] annehmen.

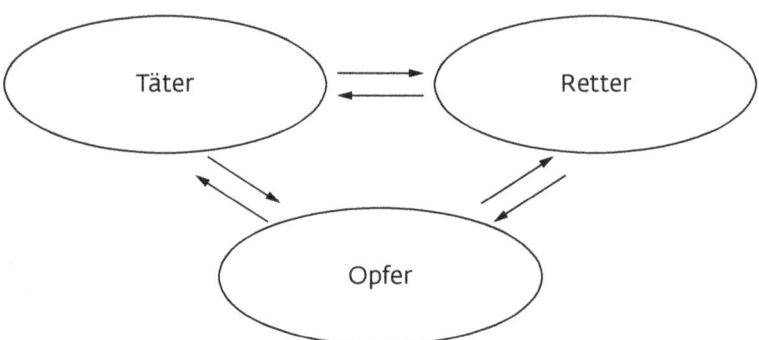

Diagramm 1: »Dramendreieck« (nach Karpman 1968, 40)[9]

Meistens fühlt sich der Gekränkte dabei völlig im Recht und erlaubt sich daher manchmal den wütenden, rücksichts- und respektlosen Ausdruck von Vorwürfen und Beschimpfungen gegen-

---

8 Emotionale Erpressung besteht in der Botschaft:»*Wenn du dich nicht so verhältst, wie ich es von dir will, wirst du leiden*« (Forward & Frazier 1998, 12 – H. i. O.). Besonders beliebte Androhungen sind soziale Isolation, Beziehungsabbruch und, im Extremfall, Suizid. »Suizid ist der konsequenteste Kontaktabbruch« (Soliman 2011, 30). Aber auch vage Andeutungen – »Du wirst schon noch sehen, was du davon hast …« – werden gerne eingesetzt, um Druck auszuüben.

9 Karpman bzw. Berne nennen die Täter auch »Verfolger«; für die Rolle des Retters findet sich in der Literatur bisweilen auch der Begriff des »Helfers«.

über dem ›Täter‹ – etwa mit der Begründung, er müsse den Ärger »loswerden«.

Das Auftreten dieser selbstgerechten Wut …, egal ob sie sich körperlich oder verbal manifestiert, überschreitet die üblichen sozialen Toleranzgrenzen. Ein wichtiges Merkmal dabei ist, daß sich die agierende Person trotz dieser Grenzüberschreitung während des Zustands selbstgerechter Wut völlig berechtigt fühlt, andere zu verletzen. (Horowitz 1996, 32)[10]

Dabei geraten gelegentlich – auffälliger- und erschreckenderweise auch gegenüber Ehepartnern, nahen Verwandten oder anderen wichtigen Bezugspersonen – sogar die Regeln anständigen[11] Benehmens in Vergessenheit. Der Drang, den Ärger »loswerden« zu wollen, legitimiert dann anscheinend jede Unhöflichkeit.

Das dafür herangezogene Denkmodell emotionaler Auf- und Entladung ist übrigens ebenso weit verbreitet wie das Täter-Opfer-Modell, allerdings auch genauso irreführend. Denn Emotionen sind gefühlte Stellungnahmen gegenüber Menschen und Situationen, kein zu entsorgender Müll, den man loswerden müsste. Sie geben eine erste, spontane (allerdings durchaus nicht unbedingt die beste[12]) Orientierung für die Bezugnahme auf Andere und ändern sich mit den Situationen. Sie sind erste Hinweise auf die Bedeutungen[13], die

---

10 Ich werde auf die narzisstischen Aspekte eines solchen Verhaltens später noch zurückkommen.

11 »Anstand« gilt heutzutage vielleicht als altmodische Kategorie. Für mich hat dieser Begriff aber insofern einen Wert, als er die in einer Kultur üblichen Konventionen für ein zwischenmenschliches Verhalten beschreibt, in dem sich ein Gespür für die eigene Würde und der Respekt vor den Anderen äußert. – Auf den Stellenwert von Konventionen werde ich weiter unten noch an einigen Stellen eingehen.

12 Das zeigt sich u. a. daran, dass Emotionen durchaus mit neurotischen Mustern verbunden sein können. Wer sich z. B. nicht als ein Opfer sieht, dem durch einen scheinbaren ›Täter‹ etwas Böses angetan wurde, wird mit großer Wahrscheinlichkeit auch keine Wut entwickeln.

13 Man kann Emotionen daher auch als »Seismographen der Bedeutung« (Ammann 2007) verstehen.

Ereignisse für einen (bisher) haben; sie wollen beachtet, in den zugehörigen Kontext eingeordnet und verstanden werden. Ob und wie man sie in Handlung umsetzt, ist eine Frage, die es dann in einem späteren Schritt zu erwägen gilt (vgl. unten, Abschnitt 10 über Emotionspsychologie).

Impulsives Ausagieren von Gefühlen, die aus der Kränkung entstanden sind, ist jedenfalls in den meisten Fällen weder langfristig im eigenen Interesse, noch führt es kurzfristig zu dem erhofften Stressabbau. Wer seine Gefühle einfach nur loswerden will, bringt weder den eigenen Empfindungen Wertschätzung entgegen noch demjenigen, dem gegenüber er sie äußert, denn dieser ist austauschbar. Das Loswerden ist ja in der Regel nicht vorwiegend an ein bewusst angesprochenes Du adressiert, dessen Menschenwürde zu respektieren ist, sondern soll erklärtermaßen mehr dem Dampfablassen dienen; der Andere wird dabei, wenn überhaupt, mehr als *Punchingball* denn als Mensch in seinem eigenen Recht gesehen. Mit anderen Worten: Ihm wird wenig Achtung entgegengebracht, und das kann leicht zu neuen Kränkungen führen, was im Sinne einer Revanche durchaus beabsichtigt sein mag. (Das ist die in Abschnitt 2 erwähnte Ergänzung zu der Regel, dass Kränkungen *primär* meist unbeabsichtigt geschehen.)

Das ›**Entladen**‹ von Ärger und Wut unterscheidet sich wesentlich von jener *Selbstbehauptung*, mit der man nachdrücklich für die eigenen Wünsche eintreten kann (vgl. Staemmler & Staemmler 2008). Der Versuch, Aggressionen auf kontaktlose Weise ›abzureagieren‹, verschärft in der Mehrheit der Fälle die angespannte Atmosphäre zwischen den Beteiligten zusätzlich und trägt kaum zur Deeskalation bei.

> **Zwischenbemerkung 7:** »Spontane Äußerungen sind oft destruktiv. Wenn ich jemandem gegenüber eine kritische Bemerkung machen möchte, könnte ich mir deshalb vorher überlegen: ›Wie wird diese Person wohl darauf reagieren?‹ Wie wir … gezeigt haben, **müssen**

Sie manchmal auf Ihre Worte achten und taktvoll vorgehen, wenn Sie eine ärgerliche Reaktion des Anderen vermeiden wollen. Grundsätzlich reagieren Menschen auf eine Situation entsprechend ihrer Philosophie. Wenn zum Beispiel jemand auf Ausdruckstherapien schwört, wird er sich ermutigt fühlen, seine Feindseligkeit gegenüber einer bestimmten Person spontan zum Ausdruck zu bringen. Er handelt dann nach dem Motto: Sei du selbst! Zeig dein Gefühl! Lass alles aus dir heraus! Spontane Gefühle sind also ein Produkt der Philosophie, die wir uns über viele Jahre hinweg angeeignet haben« (Dryden & Gordon 2002, 88). Der Begriff der Spontaneität ist daher mit Vorsicht zu genießen, insbesondere wenn er zur Rechtfertigung eines achtlosen Umgangs mit Anderen herangezogen wird.

Das hat u. a. mit zwei psychologischen Prozessen zu tun, die vielen Menschen nicht bekannt sind, obwohl sie ihre Wirkungen schon häufig erfahren haben: Der erste Prozess lässt sich unter evolutionärer Perspektive leicht verstehen; er diente wohl dem Überleben, denn er signalisierte (und tut das heute oft noch) eine Gefahr, der man zu begegnen hatte. Er besteht darin, dass der Ausdruck von Ärger im Gesicht eines anderen Menschen die Eigenschaft hat, sich ganz besonders in den Vordergrund der Aufmerksamkeit des Betrachters zu drängen; man nennt das neudeutsch einen »Pop-up-Effekt« (vgl. Buck 1994; Hansen & Hansen 1988).

Das heißt umgekehrt: Andere, nicht aggressive Signale ziehen längst nicht so viel Aufmerksamkeit auf sich und haben damit einen viel geringeren Einfluss auf das eigene Verhalten. Und dazu kommt der zweite Prozess, der darin besteht, dass man die Aggressivität im Verhalten von Anderen prinzipiell für *ausgeprägter* hält als die, die man selbst zum Ausdruck bringt. »Sogar die Person, die eine aggressive Interaktion initiiert, hält ihr eigenes Verhalten für angemessener als die darauf folgende, gegen sie gerichtete Reaktion, die sie selbst provoziert hat« (Mummendey, Linneweber & Löschper 1984,

308). Damit ist eine **Eskalation** der Auseinandersetzung wahrscheinlich, weil *beide* Beteiligte den Eindruck haben, die oder der Andere reagiere unangemessen, während das jeweils eigene Verhalten ihnen eher angemessen erscheint. Wir haben daher an anderer Stelle schon auf Folgendes hingewiesen:

> Unter dem Blickwinkel einer angestrebten *Deeskalation* gesehen, muss man aus diesen Untersuchungen Folgendes schließen: Nur wenn ich auf einen erlebten Angriff hinsichtlich der Intensität meines Ausdrucks deutlich *schwächer* antworte, als es mir intuitiv angemessen erscheint, kann ich damit rechnen, dass mein Gegenüber meine Antwort als angemessen erlebt! (Staemmler & Staemmler 2008, 65)

Zwischenbemerkung 8: »Der Dissens produziert so etwas wie eine Schleife jeweiliger Eindrücke von unangemessenen Handlungen, die der Entwicklung eines Eskalationsprozesses ... Geschwindigkeit oder Energie verleiht: Der Adressat, der sich an Normen und Erwartungen bezüglich angemessenen Verhaltens ... orientiert, beurteilt diese Handlung als Verstoß gegen die Norm und als inadäquat; **er fühlt sich provoziert und berechtigt, sich zu revanchieren,** um mit dem Gegner gleichzuziehen. Nun fühlt sich das neue Opfer angegriffen und unfair behandelt ... und so weiter.« (Mummendey et al. 1984, 309)

Der Ärger kann sich erst verändern, wenn die *Beziehungssituation* zwischen den Beteiligten sich verändert; dazu sage ich später mehr. Die gute Absicht zur Änderung der beeinträchtigten Beziehungssituation kann sich allerdings durchaus im Ärger verstecken, auch wenn es in der Regel wenig hilft, ihn auszuagieren: So dient der mit wütenden Vorwürfen einhergehende Versuch, den ›Täter‹ zum Eingeständnis seiner Schuld zu zwingen, manchmal nicht nur dazu, diesem die Kränkung durch eine Demütigung heimzuzahlen.

Vielmehr verbirgt sich darin bisweilen auch die Hoffnung, die Einsicht in seine ›Vergehen‹ könnte den ›Täter‹ dazu bringen, den Maßstäben und Werten des Gekränkten zuzustimmen, denen zufolge das Handeln des ›Täters‹ moralisch oder anderweitig unakzeptabel war; so könnte vielleicht doch noch eine gemeinsame Basis herzustellen sein, die ein Aufrechterhalten der Beziehung ermöglicht und zugleich für die Zukunft sicherstellt, dass die Kränkung sich nicht wiederholt. Dass ein mit emotionalen Druckmitteln erzwungener Konsens seinen Namen nicht verdient und kaum eine verlässliche Grundlage für die Zukunft bilden kann, gerät dabei allerdings leicht aus dem Blick.

In extremen Fällen steigert sich die gekränkte Person auch in geradezu sadistische Fantasien hinein oder schmiedet ausführliche und detaillierte Pläne für Racheaktionen. Bisweilen gehen solche Vorstellungen sogar über das Fantasie- und Planungsstadium hinaus und werden in Form von geschickt eingefädelten Intrigen[14] oder auch Gewalttaten und Mordanschlägen umgesetzt, wie es z. B. gerade in jüngerer Zeit durch Terroraktionen von Menschen geschah, die ihren Propheten und damit ihren Glauben durch Karikaturen beleidigt sahen. James Gilligan, der viele lange Gespräche mit Gewalttätern und Mördern geführt hat, fasst seine Eindrücke so zusammen:

Ich habe es noch nie erlebt, dass eine Gewalttat nicht durch das Gefühl der Beschämung und Demütigung, der Missachtung und Verhöhnung ausgelöst wurde und dass sie nicht den Versuch darstellte, diesen ›Gesichtsverlust‹ zu verhindern oder

---

14 Ein klassisches Beispiel dafür findet sich schon im *Alten Testament* (1. Buch Mose, 39): Die Frau von Potiphar möchte den von ihm sehr geschätzten Diener Josef verführen, der sich ihr aber aus Treue zu seinem Herrn verweigert. Daraufhin denunziert sie ihn gekränkt und in Verdrehung der Tatsachen bei ihrem Mann und behauptet, Josef habe seinerseits versucht, sie zu verführen, sie habe ihn jedoch abgewiesen. Nun ist Potiphar, der seiner Frau glaubt, gekränkt, fühlt sich von Josef hintergangen und lässt diesen ins Gefängnis werfen.

ungeschehen zu machen – ungeachtet der Schwere der drohenden Strafe, selbst wenn sie das eigene Leben kostet. (2000, 110 – Übersetzung nach Lachmann 2004, 173)

Wie heftig auch immer die **Vergeltungshandlungen** ausfallen, sie werden üblicherweise als irgendeine Form der ›Notwehr‹ oder ›Verteidigung‹ gerechtfertigt, womit der Gekränkte sich und Anderen weiszumachen versucht, dass seine Aggression moralisch legitim sei.

> **Zwischenbemerkung 9:** Die Mörder vom Januar 2015 in Paris behaupteten z. B., sie hätten Mohammed gerächt, den sie durch Karikaturen beleidigt sahen und mit dem sie sich identifizierten. – Über den Zusammenhang von Kränkung und Aggression haben wir an anderer Stelle mehr geschrieben (vgl. Staemmler & Staemmler 2008). Es scheint fast immer so zu sein, dass Menschen, die aggressive und grausame Handlungen begehen, diese damit begründen, dass sie zuvor Opfer geworden seien. Diese Selbstdefinition wirkt offenbar wie eine Eintrittskarte in den Bereich all dessen, was ansonsten als ethisch verwerflich gilt, und setzt dann Mitgefühl und Gewissen außer Kraft: »Unter dem subjektiven Blickwinkel des Aggressors erfolgt der Angriff nicht ohne vorausgegangene Provokation. Kohut vertrat die Ansicht, dass Aggression keine primäre Motivation darstelle, sondern eine Reaktion auf eine narzisstische Kränkung sei« (Lachmann 2004, 20).

Bei solchen Rachefantasien und -handlungen spielen nach meinem Eindruck zwei Motive eine wichtige Rolle: Erstens der Wunsch, demjenigen, den man für den Urheber des eigenen Leids hält, dasselbe Leid zuzufügen, das man selbst empfindet. In diesem Wunsch kommt eine archaische Idee von der Revanche – »Auge um Auge, Zahn um Zahn« – zum Ausdruck, die die Rache Übenden oft versuchen, »unter dem Namen der *Gerechtigkeit* zu heiligen –

wie als ob Gerechtigkeit im Grunde nur eine Fortentwicklung vom Gefühle des Verletzt-seins wäre« (Nietzsche 1887/1990, 69 – H. i. O.).

Das zweite Motiv besteht darin, dass der Rächer dem Anderen das selbst erlebte Leid zufügen möchte, damit dieser aus eigener, *gespürter* Erfahrung heraus *weiß*, wie es ist, sich so schlimm zu fühlen. Es geht hier sozusagen um den Versuch, Empathie und Mitgefühl mit der erlebten Not zu erzwingen: In dem, was auf den ersten Blick wie Rache aussieht, verbirgt sich der oft uneingestandene Wunsch, ausgerechnet vom vermeintlich bösen ›Täter‹ bezüglich des erlebten Leids *verstanden* zu werden – manchmal aufgrund der Hoffnung, dass ein solches Verständnis eine Gemeinsamkeit im Leid und von daher eine gewisse Verbundenheit wiederherstellen könnte, manchmal in dem Bestreben, den ›Täter‹ auf diese Weise zum Bedauern und zur Reue veranlassen zu können. Dann wäre aus Sicht des Gekränkten eine Bedingung zur Erneuerung der unterbrochenen Verbundenheit gegeben.

Bei Kränkungen, die extrem wehtun und bei denen die betroffene Person abwechselnd vom Rückzugs- in das Angriffsmuster fällt, werden die heftigen Emotionen bisweilen als eine Art ›Gefühlssturm‹ erlebt, der über sie hinwegfegt und sie hin und her beutelt. Sowohl die eigenen Gefühle wie auch die Sichtweise von demjenigen, der die Kränkung ausgelöst hat, können dann extreme Formen annehmen, die aus der Sicht eines Beobachters, gemessen am Anlass, völlig **unverhältnismäßig** erscheinen. Die gekränkte Person selbst ist unter diesen Umständen oft aber nicht mehr in der Lage, eine selbstkritische Beobachter-Perspektive bezüglich des eigenen Erlebens zu beziehen, und wehrt wahrscheinlich jeden Hinweis auf die Proportionen als Parteinahme für den ›Täter‹ und/oder als Verständnislosigkeit für das eigene Leid vehement (und erneut gekränkt) ab. Dann gilt für sie schnell das Prinzip, »wer mir nicht zustimmt, ist mein Feind.«

Zwischenbemerkung 10: Heftige Formen des aggressiven Bewälti-
gungsmusters hat der Selbstpsychologe Heinz Kohut in einem be-
rühmt gewordenen Aufsatz beschrieben, dessen Titel lautet: »Überlegungen zum Narzißmus und zur narzißtischen Wut«. In diesem
Text schildert er auch chronische Formen dieser Wut, bei der der
Gekränkte jede Mäßigung, zu der »besonnene Überlegung raten
sollte, völlig mißachtet, und es besteht ein grenzenloser Wunsch
nach Abrechnung mit dem Beleidiger und nach Rache. Die Ver-
nunftwidrigkeit der Rachsucht wird noch furchterregender, wenn
man die Tatsache in Rechnung zieht, daß … die Verstandesschärfe
häufig nicht nur intakt, sondern sogar erhöht ist, obwohl **die Denk-
funktionen völlig unter der Herrschaft und im Dienste des über-
wertigen Dranges stehen.**« (Kohut 1975, 229)

Manche Psychoanalytiker sehen in diesem Wechselspiel der Emotionen nicht nur zwei Arten von Reaktionen auf die erlebte Kränkung, sondern zugleich die Wiederholung einer früheren Beziehungskonstellation »zwischen einem verfolgenden, schimpfenden
und geringschätzenden Objekt[15] und einem zurückgewiesenen,
unterdrückten und impotenten Selbst« (Kernberg 2006, 277). Ich
sehe darin überdies ein ›Selbstgespräch‹ zwischen zwei Positionen,
die die Person anlässlich früherer Beziehungen entwickelt hat und
nun auch *gegenüber sich selbst* einnimmt (vgl. Staemmler 2015): Einmal bezieht sie die Position der Täterin und wertet sich selbst ab, ein
anderes Mal nimmt sie die Position des Opfers ein, leidet unter der
Selbstentwertung, und versucht, sich dagegen mit Rückzug oder
Angriff zu schützen.

Der Wechsel von Rückzug und Angriff, den die Gekränkte in
ihren zwischenmenschlichen Beziehungen auslebt – nicht selten
ohne Mitgefühl für die davon Betroffenen, umso mehr aber Mitgefühl für sich selbst einfordernd –, ist für die Adressaten oft schwer

---

15 Mit diesem Wort meinten Psychoanalytiker früher eine Bezugsperson.

zu ertragen und führt in vielen Fällen zu heftigen Beziehungskrisen. Wenn die Gekränkte Glück hat, begegnet sie einer erfahrenen Psychotherapeutin oder einer anderen wohlwollenden und souveränen Person, die in der Lage ist, ihre Gefühlsstürme auszuhalten, auch wenn sie selbst die Adressatin ist, und ihr zugleich Unterstützung zu geben, damit sie die Kränkung möglichst so verarbeitet, dass sie nachfolgend weniger leicht zu kränken ist.

Um einen unter heftigen Kränkungsgefühlen leidenden Menschen in diesem Sinne unterstützen zu können, sind ein paar Einsichten in den kulturellen und psychologischen Hintergrund, vor dem sich Kränkungen abspielen, hilfreich. Diese Einsichten können außerdem denjenigen helfen, die sich aktuell gekränkt fühlen, weil sie sich dadurch vielleicht selbst besser verstehen und sich von daher nicht so leicht zu Verhaltensweisen hinreißen lassen, die sie später bereuen.

Diejenigen Einsichten in solche Hintergründe, die mir am wichtigsten zu sein scheinen, beschreibe ich in den nun folgenden Abschnitten 5, 6, 7 und 8.

5 Metaphern, die die Welt (be-)deuten

Von körperlichem Schmerz und seelischem Leid, von Sendern und
Empfängern und vom Verstehen als einem »produktiven Verhalten«

Viele der oben beschriebenen Verhaltens- und Erlebensweisen folgen einem in unserer Kultur üblichen Schema. Im Rahmen unserer sogenannten »Volkspsychologie« gilt eine *Kränkung* im *psychischen* Bereich als ein analoges Ereignis zu dem, was im *körperlichen*
Bereich eine *Verletzung* ist: Dabei liefert der körperliche Bereich das
Denkmodell, nach dem auch der psychische Bereich verstanden
wird; häufig wird das Wort »Verletzung« daher auch auf den psychischen Bereich angewandt und gleichbedeutend mit »Kränkung«
benutzt. Genau genommen handelt es sich bei einer solchen Rede-
weise aber um eine **Metapher**, und das hat wichtige Konsequenzen.

> **Zwischenbemerkung 11:** Die Sprachphilosophen George Lakoff und
> Mark Johnson haben in ihrem lesenswerten Buch *Leben in Meta-
> phern – Konstruktion und Gebrauch von Sprachbildern* ausführlich darge-
> stellt, wie weitgehend unsere Sprache und unser Denken von Meta-
> phern durchzogen ist. Ein wichtiges Ergebnis ihrer Untersuchungen
> besteht in der Beobachtung, dass Menschen sehr oft versuchen,
> »das Nichtphysische *in Begriffen* des Physischen [zu] konzeptualisie-
> ren; das heißt, daß wir das weniger scharf Konturierte in Begriffen
> des schärfer Konturierten konzeptualisieren« (1998, 73 – H.i.O.).
> Das ist der jeweiligen Sache jedoch oft nicht angemessen und kann
> daher zu allerlei psychischen Problemen und auch zu ernsthaften
> Komplikationen in der Verständigung zwischen Menschen führen.
> Dann hilft es, »durch kritisches Nachfragen eine innere Distanz
> zu seinen Meinungsgewohnheiten aufzubauen und im Prozeß des

Nachprüfens selbst die Regie über sein Denken zu übernehmen. Und das hat viel mit kritischer Distanz auch gegenüber den eigenen sprachlichen Gewohnheiten zu tun. Vieles, was wir zu denken und zu wissen meinen, ist dadurch entstanden, daß wir die Muttersprache nachgeplappert haben: Es sind Dinge, die man eben so sagt. Im Denken selbständiger, mündiger zu werden, bedeutet auch, wacher zu werden gegenüber blinden sprachlichen Gewohnheiten, die uns nur vorgaukeln, daß wir etwas denken.« (Bieri 2013a, 16 f.)

Ich selbst werde daher um der Klarheit willen im Weiteren die jeweiligen Wörter nur im jeweiligen Kontext gebrauchen: Im *körperlichen* Bereich können »Verletzungen« stattfinden, die »Schmerzen« verursachen; im *psychischen* Bereich können »Kränkungen« (oder andere unangenehme Erfahrungen) stattfinden, die »Leiden« auslösen.

Diese begrifflichen Unterscheidungen sind jedoch nicht üblich. Stattdessen dient leider eine körperliche Verletzung, bei der ein Mensch dem anderen *durch mechanische Einwirkung* Schmerzen zufügt, z. B. indem er dem anderen auf die Füße tritt, häufig als Modell für das Verständnis psychischer Kränkungen. Dementsprechend ist dann auch (genau genommen im *übertragenen* Sinn!) die Rede davon, dass der eine Mensch dem anderen »auf die Füße getreten« oder auch – sehr viel dramatischer – »das Messer in den Rücken gestoßen« hätte. Neulich habe ich auch die Formulierung gehört: »Die hat noch auf mir herumgetrampelt, als ich schon am Boden lag.«

Obwohl dem, der sich so äußert, spätestens auf Nachfrage bewusst ist, dass es sich bei derartigen Formulierungen um Metaphern handelt, weil sich körperlicher Schmerz *anders* anfühlt als seelisches Leid,[16] prägen solche Sprachbilder mit den in ihnen ver-

---

16 Einer der Befunde der in den letzten Jahren so populär gewordenen Hirnforschung lautet: »Aufnahmen mithilfe der funktionalen Magnetresonanztomografie (fMRT) zeigen, dass dieselbe für Emotionen zuständige Hirnregion, die aktiv ist, wenn wir Zurückweisung erleben …, auch *emotionale* Reaktionen auf körperlichen Schmerz

steckten Annahmen nicht nur die Bedeutungen, die Menschen solchen Erfahrungen geben, sondern haben – im (allerdings nur) scheinbaren Gegensatz zu meiner Unterscheidung[17] zwischen körperlichem und seelischem Erleben – auch eine Auswirkung auf das unmittelbare Erleben. Denn das, was man emotional erlebt, geht selbstverständlich immer auch mit leiblichen[18] Empfindungen einher, die sich sogar grob kartografieren lassen (vgl. Nummenmaa, Glerean & Hietanen 2014): Der ›Herzschmerz‹, den jemand z. B. bei einer Trennung spüren kann, ist – in *unserem* kulturellen Kontext – ein Beispiel dafür. Er unterscheidet sich jedoch wesentlich von dem körperlichen Schmerz, den jemand wahrnehmen würde, dem man mit dem Messer eine Verletzung dieses Organs zufügen würde. – Darüber hinaus gibt es natürlich auch noch das Phänomen, dass seelisches Erleben (z. B. eine Kränkung) körperliche Symptome (oder eine Krankheit) nach sich zieht; hier betreten wir den Bereich der Psychosomatik.

Für das Thema dieses Buches ist mir aber das Folgende am wichtigsten: Psychische Kränkungen so zu begreifen, als handelte es sich dabei um körperliche Verletzungen, *verschärft* in der Regel das erlebte Leid! Die Konzepte, die die Betroffenen auf ihr Erleben anwenden, und die Begriffe, mit denen sie sie bezeichnen, üben nicht nur einen starken Einfluss darauf aus, wie stark sie ihr Leid erleben, sondern vor allem auch darauf, welche Konsequenzen sich für sie auf

---

registriert« (Cacioppo & Patrick 2011, 8 f. – H. d. V.; vgl. auch Eisenberger 2012; Eisenberger, Lieberman & Williams 2003). Dieser Befund bedeutet *nicht*, dass die *gesamte* neurologische Verarbeitung beider Erfahrungen identisch sei. Bei körperlichem Schmerz ist neben der Hirnregion, die für die *emotionale* Verarbeitung zuständig ist, auch noch eine *andere* Region aktiviert, die für das *körperliche* Schmerzerleben relevant ist. Auf der Ebene des unmittelbaren Erlebens heißt das: Bei beiden Arten von Leid kann man sagen, dass man *leidet*, aber nur bei körperlichem Schmerz kann man sagen, wo genau es *wehtut*.

17 Diese Unterscheidung zu treffen bedeutet nicht, im Sinne eines Dualismus zu behaupten, das Eine habe mit dem Anderen nichts zu tun.

18 Es ist hier nicht der Raum, die Unterscheidung zwischen Körper und Leib zu erörtern; ich habe das an anderen Stellen getan (vgl. Staemmler 2009, 97 ff.; 2015, 59 ff.).

der Beziehungsebene aus der Kränkungserfahrung ergeben (vgl. den folgenden Abschnitt 6). Sehr vieles von dem, was wir in unserem Alltag denken und erleben, begreifen wir durch die Verwendung von Metaphern. Das ist zwar keineswegs ungewöhnlich, oft aber eine zweischneidige Praxis: Einerseits erleichtern Metaphern uns das Verstehen, weil wir damit Wissen, das wir uns in *einem* Lebensbereich schon erworben haben, auf einen *anderen*, noch nicht verstandenen, zweiten Bereich übertragen und uns dadurch in einem neuen Zusammenhang nutzbar machen können. Andererseits bringen sie auch die Gefahr mit sich, dass Teile dieses Wissens bei genauerer Betrachtung auf den zweiten Bereich gar nicht zutreffen, sodass die Übertragung zu Missverständnissen führt, die durchaus problematische Folgen haben können.

Und das ist tragischerweise insbesondere bei Metaphern der Fall, die ihren Ursprung im physischen Bereich haben und dann auf den psychischen Bereich angewandt werden. So werden z. B. die mentalen Prozesse des Lesens und Durchdenkens eines Textes nicht wirklich verständlicher, wenn man sie im Rahmen einer körperlichen Metapher beschreibt und, wie es durchaus üblich ist, vom »Verschlingen« eines Kriminalromans oder dem »Verdauen« eines philosophischen Essays spricht. Das wird spätestens dann deutlich, wenn Probleme auftauchen: Jemandem, der den fraglichen Text nicht versteht, ist wenig geholfen, wenn man das Hilfsangebot aus der Metapher des Stoffwechsels ableitet und ihm Medikamente zur Unterstützung seiner Magen- und Darmtätigkeit anbietet. Womöglich fühlt er sich bei einem solchen Angebot noch nicht einmal ernst genommen – mit gutem Grund.

Neben der Metapher von der körperlichen Verletzung gibt es noch eine zweite Metapher, die in der Volkspsychologie bisweilen zum Verständnis von Kränkungen herangezogen wird und zu ähnlichen Missverständnissen führt wie die Verletzungsmetapher. Sie ist zwar nicht ganz so grobschlächtig wie die erste, aber ebenso irreführend. Ich meine die Metapher von menschlicher Kommunikation als der Übermittlung einer *Botschaft* von einem *Sender* an einen *Empfänger*. Diese aus den drei kursiv gesetzten Elementen bestehende Metapher ist nach wie vor weit verbreitet, obwohl sie in Psychologie, Linguistik und Hermeneutik seit vielen Jahrzehnten als viel zu einfach und deshalb als längst überholt gilt.

Es ist sehr viel darüber geschrieben worden, was alles an dieser Kommunikationstheorie falsch ist. Ich möchte hier nur auf einen sehr kleinen Teil der Kritik eingehen, der für meine Zwecke aber ausreichend ist: Die Idee, Kommunikation bestehe darin, dass ein Sender eine Nachricht an einen Empfänger schickt, beruht wiederum auf *mechanischen* Analogien. Denn so wie jemand einen Brief in einen gelben Briefkasten steckt, der dann zum Adressaten transportiert wird und dort, falls er nicht zufällig physisch beschädigt wurde, so ankommt, wie er abgeschickt wurde, funktioniert menschliche Kommunikation gerade nicht.

Die Metapher macht wiederum nur Sinn für den *materiellen* Aspekt des Vorgangs, wie sofort klar wird, wenn man daran denkt, dass der Leser des Briefs dessen Inhalt durchaus anders verstehen kann, als der Verfasser ihn gemeint hatte. Und das liegt nicht etwa daran, dass sich auf dem Postweg der Text des Briefes verändert hätte, sondern einfach daran, dass die geschriebenen Zeilen ihrem Leser zwar gewisse Grenzen hinsichtlich der Vielfalt von Interpretationsmöglichkeiten setzen, ihn aber keineswegs darauf *festlegen*, wie er ihre Bedeutungen zu verstehen hat.

Der Empfänger des Briefes ist beim Lesen nämlich nicht passiv in dem Sinne, dass er den Inhalt des Textes auf dieselbe Art einfach nur annähme, wie er es mit dem papierenen Briefumschlag getan hat – im Gegenteil: Er muss den Text *auslegen*, um ihn verstehen zu können. Und die »Auslegung ist nie ein voraussetzungsloses Erfassen eines Vorgegebenen. ... Das, was zunächst ›dasteht‹, [ist] nichts anderes als die selbstverständliche, undiskutierte Vormeinung des Auslegers« (Heidegger 1953, 150).

Der Leser ist **aktiv und kreativ** tätig, während er sich seinen Reim auf das Gelesene macht. Er *gibt* den Zeilen *seine* Bedeutungen.

> **Zwischenbemerkung 12:** Hans-Georg Gadamer, der bedeutende Philosoph des Verstehens, schreibt: »Verstehen ist Verstehen von Ausdruck. Im Ausdruck ist das Ausgedrückte in anderer Weise da, als die Ursache in der Wirkung« (1990, 228). »Daher **ist Verstehen kein nur reproduktives, sondern stets auch ein produktives Verhalten.** ... Es genügt zu sagen, dass man *anders* versteht, *wenn man überhaupt versteht*« (a. a. O., 301 f. – H. i. O.).

Die ›Botschaft‹, die der Briefschreiber zu übermitteln beabsichtigte, kommt nur in dem Maße und in der Weise beim Empfänger an, wie dieser seiner Lektüre einen Sinn gibt, der den Absichten des Autors nahekommt. Aber es gibt nichts, was ihn dazu verpflichtete – und auch nichts, was ihn, selbst bei bestem Willen, dazu hundertprozentig befähigte. Was immer er versteht, es unterscheidet sich unvermeidlich mehr oder weniger von dem, was der Schreiber meinte (vgl. Abschnitt 13).[19]

Damit will ich Folgendes sagen: Ob man psychische Kränkungen nun nach dem Muster körperlicher Verletzungen oder nach dem Sender-Empfänger-Modell von Kommunikation verstehen oder bewältigen will, macht keinen großen Unterschied. Beide Metaphern sind dem Problem gleichermaßen unangemessen. Sie sind mechanistisch und enthalten damit eine Reihe von Bedeutungen, die das psychische und zwischenmenschliche Problem nicht lösen helfen, weil sie zu der folgenschweren Illusion führen, dass es eine *direkte* Linie von einer Äußerung zu ihrer (möglicherweise kränkenden) Wirkung gäbe.

Da aber weder individuelle Psychen noch soziale Beziehungen

---

19 Man merkt das auch an folgendem Beispiel: Wer ein Buch so gut findet, dass er es wiederholt liest, versteht es bei jeder Lektüre anders.

den Gesetzen der Mechanik folgen, richten diese Metaphern eher Schaden an, als dass sie nützlich wären. Sie tragen zu einem äußerst problematischen Denken bei, das den Kategorien von Täter- und Opferrollen entspricht und damit weder den beteiligten Menschen noch ihren Beziehungen gerecht wird.

6 Mechanik des Täter-Opfer-Schemas

Von Ursachen und Wirkungen, Tätern und Opfern, von Selbstmitleid
und einer vermeintlichen moralischen Überlegenheit

Bei der Anwendung der beschriebenen Metaphern auf den psychischen Bereich entsteht die falsche Annahme, es handele sich bei einer Kränkung um einen Vorgang, der geradlinig und unmittelbar nach dem Prinzip von *Ursache und Wirkung* abläuft: Die eine Person handelt und tut damit *scheinbar* ursächlich etwas, das für die zweite Person unweigerlich zu einer schmerzlichen Wirkung führt. Diejenige, die das Leid empfindet, kann aufgrund der (oft für beide Beteiligte gültigen) Metapher dann der anderen Person ohne Weiteres vorwerfen, ihr wehgetan zu haben. Diese hat demnach Schuld auf sich geladen; sie ist die Täterin. Die leidende Person erscheint dabei als das ebenso unschuldige wie ausgelieferte Opfer.

Schon die in unserer Sprache übliche Beschreibung von Kränkungsvorgängen suggeriert dieses Täter-Opfer-Schema: In einer Aussage wie »Sie hat mich verletzt« wird schon grammatikalisch festgelegt, wer die Rolle des Subjekts (der aktiv handelnden Person) und wer die Rolle des Objekts (der passiv erleidenden Person) einnimmt. Und weil die ›Ursache‹ (die das Leid auslösende Handlung der ersten Person) im Rahmen dieses irreführenden Konzepts unvermittelt und unbeeinflussbar mit der ›Wirkung‹ (dem erlebten Leiden der zweiten Person) verknüpft wird, braucht sich das vermeintliche Opfer mit seinem eigenen Beitrag zu seinem Elend nicht mehr auseinanderzusetzen – ja, im Rahmen dieses Denkens würde das noch nicht einmal Sinn machen.

Wenn es daher überhaupt geschieht, dann eher im Sinne der Betrachtung vorausgegangener Handlungen, z. B. wenn die gekränkte Person einsieht, dass sie mit ihrem Verhalten die sie kränkende Handlung der anderen provoziert hat. Obwohl das natürlich auch der Fall sein kann, trifft es nicht den Punkt, um den es mir an dieser Stelle geht. Ich denke hier an den **Beitrag der gekränkten Person** zu ihrem *unmittelbaren* Erleben psychischen Leidens, der ihr meist nicht bewusst ist, weil sie dem kulturellen Deutungsmuster ahnungslos folgt und daher gar nicht mitbekommt, dass sowohl kulturell vorgegebene wie auch ganz persönliche *Deutungen* im Spiel sind und dass sie »der Opferstatus – trotz vermeintlicher Vorteile – letztendlich eher schwächt und den Zugang zu den eigenen Ressourcen vereitelt« (Hafke 1996, 54).[20]

> **Zwischenbemerkung 13:»Das passive Opfer ... kann die Verantwortung ... nicht ... übernehmen.** ... Der Wunsch und die Sehnsucht nach Wandlung ... erstirbt ... entweder in kläglicher Hilflosigkeit oder in der grandiosen Ausschmückung der Opferposition, die das Opfer immer noch mehr zum Opfer werden läßt. Allenfalls besteht noch die Phantasie der ganz großen Rache, sollte es die Gunst der Stunde irgendwann einmal zulassen.« (Kast 1998, 96 f.)

Das ist ein ziemlich heikler Punkt, mit dem sich die betroffene Person, die sich als Opfer einer quasi-mechanischen Handlung sieht, oft am liebsten gar nicht befassen will. Doch das ist noch nicht alles: Häufig antwortet die gekränkte Person mit selbstgerechter Empörung, wenn man überhaupt nur den Gedanken ins Spiel bringt, sie könnte einen eigenen Beitrag zu ihrem doch so unangenehmen Erleben beigesteuert haben: Sie ist doch nicht blöd oder masochistisch! Sie missversteht die Anregung in der Regel als die ebenso ungerechtfertigte wie ungerechte Zumutung, dass ihr, dem hilflosen ›Opfer‹, jetzt auch noch die ›Mitschuld‹ an der ›Tat‹ zugeschrie-

---

20 Hier wäre zu ergänzen: Das Spielen *aller* drei in *Diagramm 1* genannten Rollen führt über kurz oder lang zu einer Verarmung der Persönlichkeit, weil *jede* Rolle eine Vielzahl möglicher anderer Verhaltens- und Erlebensweisen ausschließt.

ben werden solle.[21] – Es ist offensichtlich, dass dieser Protest dem Bezugssystem des Täter-Opfer-Schemas verpflichtet bleibt und dazu führt, es aufrechtzuerhalten.

Dagegen handelt sich die gleichfalls vom üblichen Denkschema voreingenommene ›Täterin‹ im Rahmen der Täter-Opfer-Dynamik ein schlechtes Gewissen und Schuldgefühle sowie die ansprüchliche Erwartung ein, wie eine Kriminelle ein Geständnis ablegen, den entstandenen Schaden irgendwie wiedergutmachen, um Entschuldigung bitten, kompensatorische Leistungen erbringen zu sollen etc. In dem Maß, in dem sie sich als schuldbeladene Täterin sieht, leitet sie auch für sich die Notwendigkeit der Wiedergutmachung ab und richtet die entsprechende Forderung an sich selbst, schon um sich von der Last der erlebten Schuld zu befreien. Bisweilen erscheint diese Last ihr aber so untragbar, dass sie sich von vornherein und radikal gegen jede Schuldzuweisung wehrt, die Büßergeste reaktiv verweigert und damit zugleich *jede* Beteiligung am Zustandekommen der Kränkung bestreitet. Doch auch diese Strategie bleibt im Rahmen der bestehenden Dynamik und führt nicht aus ihr heraus.

Außerdem kann die Täterin noch versuchen, sich zu rechtfertigen, indem sie ihre Handlung – ebenfalls nach dem Ursache-Wirkung-Prinzip – zur notwendigen Folge einer vorangegangenen Handlung des Opfers erklärt und auf diese Weise versucht, den Spieß umzudrehen und das Opfer zur Täterin und sich selbst zum Opfer zu erklären, das sich ja nur so verhalten hat, *weil* (ebenfalls im *kausalen* Sinn!) zuvor das vermeintliche Opfer als Täterin gehandelt hatte … Wer kennt nicht aus eigener Erfahrung diesen dem Außenstehenden bisweilen fast skurril erscheinenden **Wettstreit um die Opferrolle** und um die ›Auszeichnung‹ durch das jämmerliche Schicksal dessen, dem es am schlechtesten geht?

---

21 In der öffentlichen Diskussion herrscht oft dieselbe Einstellung: »Wer sich nicht damit zufrieden gibt, nur Täter zu beschuldigen, steht sofort im Verdacht, damit die Opfer zu den Schuldigen an ihrem Leid zu erklären« (Zur 1994, 58).

Zwischenbemerkung 14: »Je mehr Opfer-Täter-Diskussionen in einer Beziehung stattfinden, desto weniger produktiv ist die Beziehung. Solche Debatten führen lediglich dazu, dass man die Zeit abkürzt, die man als Paar konstruktiv zusammen verbringen kann.« (Schmidbauer 2005, 17)

Dieser Wettstreit ist auch ein manipulativer[22] *Machtkampf:* Wenn es der gekränkten Person gelingt, sich überzeugend und nachhaltig als Opfer darzustellen und ihre Qual so eindrücklich zu kommunizieren, dass der identifizierte ›Täter‹ sich schuldig fühlt und moralisch ins Hintertreffen gerät, kann sie damit Macht über ihn ausüben, sich revanchieren und/oder die Bedingungen diktieren, die erfüllt sein müssen, um ihm irgendwann gnädig die Absolution zu gewähren. Damit bringt das Opfer sich in die überlegene Position, und der Täter, der dem **Opfer** durch sein kränkendes Handeln zuvor als der Aktive und Mächtigere erschienen war, gerät nun in die Position des Unterlegenen, z. B. in die des armen Sünders, der sich zu seinen Fehlern bekennen und um Vergebung bitten muss. Ob er sich dagegen zur Wehr setzt oder sich das Büßerhemd anzieht – er ist mit sich selbst beschäftigt.

Zwischenbemerkung 15: »Wenn jemand für sich den Opferstatus geltend machen kann, ist er von aller Schuld frei und **hat einen moralischen Gewinn errungen.** Schuld ist immer und nur der andere; Opfer zieht man nicht zur Rechenschaft; Opfer haben Anspruch auf Sympathie.« (Hafke 1996, 55)

Doch das Opfer, das sich nun auch noch in die Rolle eines Richters begibt, der freisprechen oder eine Strafe verhängen kann, zahlt

---

22 In seinem ausgezeichneten Buch über menschliche Würde zeigt Bieri u. a., dass solche Manipulationen etwas Entwürdigendes mit sich bringen, und zwar für *alle* Beteiligten (vgl. 2013 b, 127 f.).

trotz dieser scheinbaren Überlegenheit einen hohen Preis. Denn subjektiv bleibt die Opferrolle auch dann noch mit Gefühlen der Ohnmacht, der Wehrlosigkeit, des Ausgeliefertseins oder auch der Entwürdigung verbunden. Fast immer führt die Opferrolle außerdem zu konsequenter Humorlosigkeit, und sehr oft geht sie mit einem Selbstmitleid[23] einher, aus dem heraus die betroffene Person sich sowohl als jemand *Besonderes* als auch von den Anderen *abgesondert* erlebt.

Denn Selbstmitleid zeichnet sich durch eine vorrangige Aufmerksamkeit für das *eigene* Betroffensein aus, das durch diese selbstbezogene Betrachtungsweise dramatisiert und überbetont wird – so als sei man selbst vom Schicksal *besonders* gestraft. Verena Kast bezeichnet das als eine »Idealisierung der Opferposition«, die zu Passivität und einem Verlust an Würde führt: »Im Selbstmitleid bedauern wir uns und erwarten, daß uns irgend jemand endlich hilft, … von außen etwas verändert« (1998, 91). Diese Haltung trägt dazu bei, dass man sich anders als die Anderen und von ihnen getrennt oder isoliert erlebt, »sich von den eigenen Problemen vereinnahmen lässt und vergisst, dass andere Menschen auf der Welt ähnlichen (oder vielleicht sogar größeren) Schwierigkeiten gegenüberstehen« (Neff 2003, 224).

Und auch der schale Gewinn, sich als der makellose, von jeder Schuld freie, moralisch bessere Mensch darstellen zu können, erweist sich bei genauerer Betrachtung als Illusion: Von anderen (vermeintlich oder tatsächlich) schlecht behandelt zu werden, ist an sich noch keine ethische Qualifikation, sondern einfach ein bedauernswertes Schicksal. Ethische Kompetenz zeigt sich erst im

---

23 Selbst*mitleid* ist strikt zu unterscheiden von Selbst*mitgefühl*, auf das ich später noch eingehen werde. – Das Selbstmitleid des ›Opfers‹ kann bei denjenigen, die sich ihm gegenüber nicht in der Helferrolle begeben, übrigens leicht Verachtung hervorrufen. Nicht zufällig gibt es im Slang Jugendlicher die abfällige Bemerkung »Du Opfer!« Ich brauche nicht darauf hinzuweisen, wie leicht das Erleben, verachtet zu werden, eine weitere Kränkung mit sich bringen kann, der das ›Opfer‹ tragischerweise selbst Vorschub leistet.

Umgang mit dem Schicksal: Dass Menschen, die sich selbst als Opfer sehen, nicht immer ethische Makellosigkeit für sich in Anspruch nehmen können, wurde oben schon im Zusammenhang mit dem »Dramendreieck«, z. B. an der immer wieder zu beobachtenden relationalen Aggressivität oder an den erwähnten Racheaktionen, deutlich. Verena Kast betont daher:

> Es ist ... als eine große moralische Leistung anzuerkennen, wenn wir auch die eigene Aggressorposition sehen können. Denn obwohl die Opferposition unattraktiv ist, ist es für die meisten von uns dennoch viel leichter, die Opferposition zu akzeptieren als die Täterposition. (1998, 131)

Last but not least: Gefangen in der Rolle als vermeintliches Opfer oder angebliche Täterin bleibt jeder der Beteiligten auf sich selbst bezogen, auf einen kleinen Ausschnitt seiner selbst reduziert und vom Anderen getrennt. Die Qualität der Beziehung zwischen den Beteiligten ist nicht mehr im Blick. Wenn es überhaupt eine Lösung der Situation gibt, dann nur eine, die ein schales Gefühl zurücklässt.

7 Unterstellte Motive

Von falschen Umkehrschlüssen, bösen Absichten und einem »fundamentalen Attributionsfehler«

Das mechanistische Denkmodell und die darin enthaltene Kausalitätsvorstellung bringt eine weitere wichtige Implikation mit sich, die oft tragische Auswirkungen hat. Sie besteht in einem Rückschluss, den das ›Opfer‹ aus seinem erlebten Leid auf die Motive des ›Täters‹ ableitet: Je heftiger seine Pein ist, desto heftiger muss diesem Denkmodell zufolge auch die Handlung des ›Täters‹ gewesen sein.

Nach der mechanistischen Vorstellung ist das logisch und funktioniert wie bei der traditionellen Jahrmarktsattraktion *Hau-den-Lukas*: Je größer die Kraft ist, mit der man mit dem Hammer auf den Zielpunkt einschlägt, desto höher steigt der Metallkörper im vertikalen Rohr. Daraus folgt im (physikalischen) Umkehrschluss: Je höher der Metallkörper steigt, desto größer muss die Kraft des Schlags gewesen sein. Auf die psychische Ebene übertragen heißt das dann: Je quälender eine Kränkung empfunden wird, desto heftiger muss der ›Täter‹ ›zugeschlagen‹ haben. Diese Vorstellung führt dann manchmal selbst bei Autorinnen, die sich mit dem Problem gründlich beschäftigt haben, zu unangemessenen physischen Formulierungen: Der Titel eines Buches von Dryden und Gordon (2002) lautet z. B. *Nadelstiche für die Seele*[24], und Bärbel Wardetzki schreibt: »Eine Kränkung ist wie eine Ohrfeige für die Seele. Sie ist wie ein Schlag ins Gesicht« (2000, 10).[25]

---

24 Es handelt sich hier um die deutschsprachige Ausgabe eines amerikanischen Buches mit dem Originaltitel *How to Cope When the Going Gets Tough*. Für den deutschen Titel sind vermutlich die Autoren weniger verantwortlich als der Schweizer Verlag.

25 Auch der Titel ihres trotzdem empfehlenswerten Buches *Ohrfeige für die Seele* widerspricht leider den eigenen, viel differenzierteren Gedanken, die sie ansonsten darin vorträgt.

Doch die Reden von den Nadelstichen oder dem Schlag ins Gesicht gehören noch zu den harmloseren mechanistischen Metaphern, mit denen Menschen ihre Kränkungen sprachlich abbilden (und verfestigen). Man kann auch richtig Brutales hören, z. B.: »Er hat mir nicht nur das Messer in den Rücken gerammt, sondern es dann auch noch in der Wunde herumgedreht.«

Das brutale Sprachbild und die damit verbundenen Vorstellungen dramatisieren den gemeinten Vorgang und verweisen auf eine zusätzliche Dimension, die in ihrer schädlichen Wirkung auf die Entwicklung der Beziehung zwischen den Beteiligten nicht zu unterschätzen ist. Ich meine die *Motivation*, die die gekränkte Person der vermeintlichen Täterin – ausgesprochen oder unausgesprochen – unterstellt.

Während es die Analogie vom Auf-die-Füße-Treten noch möglich macht, von einer versehentlichen Handlung auszugehen, führen die heftigeren Sprachbilder von der Ohrfeige bzw. vom Messerstich direkt zur Unterstellung einer bösen Absicht. Man kann sich kaum vorstellen, dass jemand einem Anderen aus Versehen und ohne negative Intentionen einen Schlag ins Gesicht verpasst oder gar ein Messer *in den Rücken* (= hinterhältig) *rammt* (= mit Wucht) und dann auch noch in der schon entstandenen Wunde *herumdreht* (= den schon entstandenen Schaden zusätzlich und böswillig noch schlimmer macht). – Ich brauche nicht weiter auszuführen, dass die Verwendung dramatisierender Metaphern und die Zuschreibung von bösen Absichten eher zur Eskalation eines zwischenmenschlichen Problems beitragen als zu seiner Klärung und Beilegung.

Die erwähnten irreführenden Aspekte, die die physikalisch-mechanische Metapher mit sich bringt, wenn man sie auf psychische Kränkungen anwendet, lassen sich wie folgt zusammenfassen:

■ *Erster Irrtum:* Wenn ich das Leid einer Kränkung empfinde, ist das Verhalten desjenigen, der es ausgelöst hat, als *alleinige Ursache* meines Leids anzusehen.

- *Zweiter Irrtum:* Wenn der Andere mein Elend allein verursacht hat, muss er es auch so *gewollt* haben.
- *Dritter Irrtum:* Je intensiver ich meine Not empfinde, desto *übler* muss die *Absicht* des Anderen gewesen sein.

Es gibt zusätzlich einen weiteren häufigen Irrtum, auf den ich noch hinweisen möchte; er steht im Zusammenhang mit der Unterstellung von bösen Absichten: Ich denke an die weitergehende Unterstellung, der Andere, der mir den Anlass für mein Gekränktsein geliefert hat, habe nicht nur in der fraglichen Situation böse Absichten gehabt, sondern sei *grundsätzlich* ein böser Mensch. Dryden und Gordon führen das auf einen »irrationalen Glaubenssatz« zurück, der lautet: »Weil ich von den anderen respektvoll und fair behandelt werden möchte, müssen sie dies auch tun. Wenn sie es nicht tun, sind sie gemein und verachtenswert« (2002, 40).

Natürlich verschärft eine solche Verallgemeinerung die entstandene Beziehungskrise in hohem Maße. Sie ist dennoch menschlich verständlich in dem Sinn, dass die meisten von uns dazu neigen, sich auf das Verhalten Anderer einen Reim zu machen, indem sie ihnen *allgemeine* Einstellungen oder Eigenschaften zuschreiben. Das entspricht dem menschlichen Kontrollbedürfnis, denn es würde, wenn es zuträfe, das Verhalten der Anderen berechenbarer machen, weil es dann regelhaft aus derselben Haltung oder demselben Persönlichkeitsmerkmal abgeleitet und vorhergesagt werden könnte.

Die psychologische Forschung hat nun allerdings gezeigt, dass es sich bei so allgemeinen Zuschreibungen meist um einen Irrtum handelt; dieser wird als »**fundamentaler Attributionsfehler**«[26] bezeichnet, weil er die Anderen keineswegs vorhersagbarer macht. Denn wenn man Menschen danach fragt, warum sie sich so oder so verhalten haben, begründen sie selbst dies in der Mehrheit der Fälle gerade *nicht* mit allgemeinen Charakteristika, sondern mit *situativen*

---

26 Dieses Wortmonstrum meint eine grundlegend falsche Zuschreibung.

Bedingungen, durch die sie sich zu ihrem Verhalten veranlasst sahen. Wer darum bemüht ist, sich in sie einzufühlen, und sich empathisch verhält, wird daher die Handlungen Anderer mehr auf die jeweiligen Situationen bezogen zu verstehen versuchen (vgl. Baron & Byrne 1984, 65; Gould & Sigall 1977).

> **Zwischenbemerkung 16:** Der Attributionsfehler »besteht in der Tendenz, aus Verhaltensweisen, die vollständig aus den Situationen erklärt werden können, in denen sie stattfinden, **Schlussfolgerungen bezüglich der überdauernden Eigenschaften einer Person** abzuleiten« (Gilbert & Malone 1995, 21). Der Handelnde selbst führt in der Regel ganz andere, nämlich *situative,* Gründe für sein Verhalten an (vgl. Jones & Nisbett 1972).
>
> Daraus kann man die Schlussfolgerung ziehen: »Eigenschaften stellen also eine unzulässige Verallgemeinerung dar. Das zeigt sich besonders kraß im Streit, wenn der Beschuldigte sofort Gegenbeispiele anführt. ... Wir müssen die Handlungen des einzelnen in konkreter Form betrachten, nämlich im Zusammenhang mit klar beschriebenen *Situationen.*« (Schindler, Hahlweg & Revenstorf 1999, 6 – H. d. V.)

Ein Beispiel: Wenn Sie jemanden danach fragen, warum er zu spät zu einer Verabredung gekommen sei, werden Sie meist eine Antwort erhalten wie »Auf der Autobahn war ein Stau« oder »Ich wurde aufgehalten.« Sehr viel seltener werden Sie eine Antwort bekommen wie »Ich kann grundsätzlich meine Zeit schlecht einteilen« oder »Es ist mir eigentlich nie wichtig, mich an das zu halten, was ich ausgemacht habe« (vgl. Forgas 1987, 85). Die Neigung, situationsbezogene Antworten zu geben, könnte man zwar in dem Sinne deuten, dass es den gefragten Personen schwerfällt, sich und Anderen ihre ›schlechten‹ (situationsübergreifenden) Eigenschaften einzugestehen. Aber auch eine solche Unterstellung wäre wieder eine Verallgemeinerung aus der Beobachterperspektive, die nicht verständlicher machen würde, welche Gründe die Person *selbst* für ihr Verhalten hatte.

Man kann den oben genannten drei Irrtümern also noch einen weiteren hinzufügen:

■ *Vierter Irrtum:* Wenn ich mich durch jemanden gekränkt fühle, habe ich es mit einem grundsätzlich schlechten Menschen zu tun. (Er hatte vermutlich keine Gründe für sein Verhalten, die für ihn speziell in der gegebenen Situation lagen.)

8 Verrückte Tauben

Von Koinzidenzen und Kausalitäten

Dass die kulturellen Interpretationsmuster, insbesondere die Kausalitätsannahme, auf die beschriebene Weise und so machtvoll wirken, wird von einem weiteren, sehr ›primitiven‹ Faktor unterstützt, den man auch als »organismisch« oder »biologisch« bezeichnen könnte. Ich nenne ihn ›primitiv‹, weil er zu den einfachsten psychologischen Mechanismen zählt, die aus der Evolution hervorgegangen sind und nicht nur bei Menschen, sondern auch bei Tieren eine Rolle spielen.[27]

Ich meine die beeindruckende Wirkung, die durch die *zeitliche Nähe* von zwei Ereignissen entstehen kann: Wenn zwei Vorgänge kurz aufeinander folgen, werden sie in einer großen Mehrheit der Fälle nicht nur in dem Sinne miteinander verknüpft, dass sie *irgendetwas* miteinander zu tun haben, sondern häufig in dem Sinne, dass sie als *ursächlich* zusammenhängend interpretiert werden.

Der *zeitliche* Zusammenhang (in psychologischer Fachsprache: die Kontingenz) ist zwar manchmal die *Begleit*erscheinung eines ursächlichen Zusammenhangs, aber durchaus nicht immer; zwei Ereignisse können ja auch *zufällig* kurz hintereinander auftreten, ohne sachlich irgendwie zusammenzuhängen (das nennt man eine **Koinzidenz**).

---

27 Dass Menschen genau wie Tiere aus der Evolution hervorgegangen sind, betrachtete Freud übrigens als »die biologische Kränkung des menschlichen Narzißmus«: »Der Mensch warf sich im Laufe seiner Kulturentwicklung zum Herrn über seine tierischen Mitgeschöpfe auf. ... Er sprach ihnen die Vernunft ab und legte sich eine unsterbliche Seele bei, berief sich auf eine hohe göttliche Abkunft, die das Band der Gemeinschaft mit der Tierwelt zu zerreißen gestattete. ... Wir wissen es alle, daß die Forschung Ch. Darwins, seiner Mitarbeiter und Vorgänger, ... dieser Überhebung des Menschen ein Ende bereitet hat« (1917/1947, 7 f.).

Zwischenbemerkung 17: »Wir Menschen, so kann man nachweisen, haben eine Fülle ... alter Programme geerbt. Die Erwartung, daß Koinzidenzen wahrscheinlich nicht zufälliger Natur sein werden, ist in uns sogar in einer solchen Verallgemeinerung eingebaut, daß **wir fast in jeder Koinzidenz einen direkten Zusammenhang vermuten.**« (Riedl 1985, 73)

Und umgekehrt treten die Wirkungen vieler Ursachen durchaus mit größerem zeitlichen Abstand in Erscheinung; der Klimawandel ist dafür ein Beispiel. Dennoch ist die Macht der Kontingenz beeindruckend, wie die folgende Untersuchung zeigt:

Skinner setzte je eine Taube in eine, nun nach ihm benannte, »Skinnerbox«. Das ist eine Schachtel, in die man hineinsehen kann, die dem eingesperrten Tier aber nur jene Nachrichten von außen zukommen läßt, die der Experimentator absichtlich in sie hineinschickt. Er steckte eine Reihe Tauben in eine Reihe solcher Schachteln, und die Anordnung war so getroffen, daß ein Uhrwerk in gleichen Abständen in jede Schachtel ein Futterkorn warf. Nun sind auch Tauben ... keine Reaktionsautomaten, ... sie ... wollen und tun fortgesetzt irgendetwas: schreiten, gucken herum, putzen sich usf. Folglich mußte das Hereinfallen des Kornes stets mit irgendeiner Bewegung koinzidieren. Und nun ist es nurmehr eine Frage der Zeit, bis das Futterkorn mehrfach mit ein und derselben Bewegung zusammenfällt. Von diesem Augenblick an beginnt ein merkwürdiger Lernprozeß. Die jeweilige Bewegung wird mit der Futtergabe assoziiert, die Bewegung – sagen wir, ein Schritt nach links – wird nun öfter gemacht. Die Koinzidenz wird folglich häufiger. Die Taube wird in der »Erwartung« des Zusammenhangs zwischen Futter und dieser Bewegung zunehmend bestärkt, und gewinnt zuletzt eine sozusagen lückenlose Bestätigung dafür, daß jene spezielle, nun fortgesetzt gemachte Bewegung Futter zur Folge hat, da, wenn sie sich immer nur nach links wendet, jedes Futter-korn eine Belohnung und Bestätigung bringen muß. Das Ergeb-nis sind lauter verrückte Tauben; eine dreht sich nur links herum im Kreise, eine andere spreizt fortgesetzt den rechten Flügel, eine schwenkt pausenlos den Kopf. (Riedl 1985, 76 f.)

Nun möchte ich Sie, meine Leserinnen und Leser, natürlich nicht kränken und Sie mit abergläubischem Geflügel auf eine Stufe stellen. Gerade weil Menschen mehr und etwas Anderes sind als nur konditionierte Reiz-Reaktions-Automaten und weil ich davon ausgehe, dass das Nachdenken über sich selbst nützlich sein kann, macht es ja überhaupt Sinn für mich, dieses Buch zu schreiben. Denn das »Bemühen um das Verstehen eigener Emotionen kann allein dadurch, dass es eine intensivere Beschäftigung mit einer Emotion bedeutet, diese in ihrer Intensität und damit möglichen Wirkung verändern« (Weber-Guskar 2009, 143).

Dennoch bleibt es eine immer wiederkehrende Beobachtung, dass wir Menschen (ich formuliere das so, um mich explizit mit einzuschließen) uns häufig dabei ertappen können, wie wir – ähnlich wie Lebewesen mit weniger differenzierten kognitiven Fähigkeiten – der Suggestivkraft der Kontingenz erliegen und zwischen kurz aufeinanderfolgenden Geschehnissen eine kausale Verknüpfung herstellen, die sich bei genauerer Betrachtung nicht begründen lässt. Erlebte Kränkungen gehören insofern zur Gruppe dieser Ereignisse, als die Handlung der ersten Person, die von der zweiten Person als kränkend erlebt wird, im *falschen* Umkehrschluss von dieser zweiten Person häufig *kausal* auf die Handlung der ersten Person zurückgeführt wird; schließlich folgte die erlebte Kränkung ja unmittelbar auf die kurz zuvor durch den Anderen vollzogene Handlung, die somit wie die ›Ursache‹ der Kränkung erscheint. So entstehen Kausalsätze: »*Weil* du nicht zu unserer Verabredung gekommen bist, bin ich jetzt gekränkt.« Aber Kontingenz ist nicht dasselbe wie Kausalität!

Und das bedeutet ganz radikal: »Das, was andere Menschen tun, ist niemals die *Ursache* für das, was wir fühlen« (Rosenberg 2003, 138 – H. d. V.). Die Hervorhebung des Wortes »Ursache« ist hier sehr ernst zu nehmen, denn es gibt auch andere Zusammenhänge, nicht nur ursächliche. Wie diese Zusammenhänge bei Kränkungen beschaffen sind, werde ich im Weiteren erläutern.

9 Erster Wendepunkt

Von der Mechanik zur Emotionalität

Wenn es darum geht, Kränkungen zu verstehen, zu vermeiden oder zu überwinden, scheint es mir aus den zuvor genannten Gründen empfehlenswert, auf das mechanistische Denken in Kategorien von Ursache und Wirkung bzw. Täter und Opfer zu verzichten, so ›beliebt‹ es auch sein mag. Vermutlich gäbe es überhaupt nicht sehr viele Menschen, die dieses Denkmodell unterschreiben würden, wenn sie in Ruhe darüber nachdächten.

Aber die Unmittelbarkeit realer Lebenssituationen lässt einem oft nicht die Zeit dafür, und dann greift man leicht auf vorgefertigte Denkmuster zurück. Deshalb verhalten sich Menschen unter dem unmittelbaren Eindruck eines Kränkungserlebnisses oft so, als seien sie von dem Täter-Opfer-Schema überzeugt, und wenn sie sich dazu äußern, folgen viele ihrer Kommentare über dieses Erlebnis bzw. viele ihrer Vorwürfe an die vermeintlichen Täter mehr oder weniger rigide der mechanistischen Logik.

Leider erweist sich das in der Mehrzahl der Fälle als ziemlich unfruchtbar, weil es zu einer Täter-Opfer-Dynamik von Vorwürfen, Rechtfertigungen und Ausreden, Gegenvorwürfen, Gegenrechtfertigungen und Gegenausreden führt, die das Leid der Gekränkten nicht lindern, sondern oft eher verstärken und außerdem das ›Opfer‹ häufig zum ›Täter‹ werden lassen, der nun (aus Sicht des ursprünglichen ›Täters‹) diesen zu seinem ›Opfer‹ macht. Damit ist eine negative Spirale von gegenseitigen Kränkungen in Gang gesetzt, die sich mehrfach drehen kann, dabei weiteres psychisches Leid hervorruft und schließlich beide Beteiligte frustriert, erschöpft oder verbittert zurücklässt. Dieser Teufelskreis kann Partnerschaften und andere Beziehungen nachhaltig zerrütten.

Kurz: Das mechanistische Verständnis von Kränkungen ist aus meiner Sicht nicht nur sachlich unzutreffend, sondern auch in seinen Konsequenzen destruktiv. Wie lassen sich Kränkungen also auf eine psychologisch eher zutreffende und in den Wirkungen produktivere Weise verstehen?

Ich werde dazu einige Überlegungen vorstellen, von denen manche mehr aus individueller Perspektive, andere mehr unter dem Gesichtspunkt der zwischenmenschlichen Bezogenheit gedacht sind. Ich verstehe diese Überlegungen nicht als einander ausschließend, sondern ergänzend.

Da es sich bei einer erlebten Kränkung um eine *Emotion* handelt, werde ich im nächsten Abschnitt zunächst damit beginnen, genauer zu untersuchen, was eigentlich Emotionen sind.

10 Emotionspsychologie

Von Interpretationen und dem Appetit auf Würstchen, von Situationen und Kontexten sowie von dem Versuch, Sinn zu stiften

Sobald es um psychische Prozesse geht, die über primitive Mechanismen (wie bei den oben erwähnten Tauben) oder simple reflexartige Reaktionen (wie z. B. die Angst vor Schlangen) hinausgehen, bekommen *kulturelle* Einflüsse, die man sich im Laufe des Lebens angeeignet hat, entscheidende Bedeutung. Kränkungsprozesse gehören zu solchen Prozessen; sie sind deutlich komplexer und differenzierter als abergläubische Rituale oder Ängste vor kriechenden Reptilien. Sie stellen emotionale Vorgänge dar, die ohne vielfältige **Interpretationen, Bewertungen** und **Zuschreibungen von Bedeutungen** nicht denkbar sind. Und diese sind wiederum nicht vorstellbar ohne die kulturellen Einflüsse und die lebensgeschichtlichen Erfahrungen, die in das persönliche Erleben eines Menschen einfließen.

> **Zwischenbemerkung 18:** »Die meisten Emotionen beruhen auf einer Interpretation des auslösenden Ereignisses; Ausnahmen sind die Angst bei der Begegnung mit einem wilden Tier oder die Freude beim Erblicken einer geliebten Person. **Die Interpretation bestimmt, welche Emotion man erlebt** und wie intensiv sie ist.« (Leahy, Tisch & Napolitano 2011, 74 f.)

Ein gewisses Problem liegt nun darin, dass diese Bedeutungszuschreibungen und Bewertungen in der Regel sehr schnell, automatisiert und daher ohne Bewusstheit davon ablaufen, dass man selbst ihr Urheber ist. Das hat den lebenspraktischen Vorteil, dass man sich nicht bei jeder Gelegenheit Gedanken über die Bedeutungen machen muss, die man einer Situation gibt, und deswegen fähig wird, schnell zu reagieren. Darum erleben Menschen meist

eine Emotion wie etwas, das ihnen zustößt. Ich beschließe nicht, eine Emotion zu haben, ängstlich oder zornig zu werden. Unversehens bin ich zornig. Gewöhnlich kann ich mir hinterher denken, welche Handlungen eines anderen die Emotion hervorgerufen haben, aber ich bemerke nichts von dem Prozeß, der ... bewertet, was [der Andere] ... getan hat, um meinen Zorn zu erregen. (Ekman, in Goleman 2003, 201 – H. d. V.)

Im Unterschied zu Tieren können Menschen sich diesen Kurz-Schluss aber im Nachhinein bewusst machen und dann erforschen, welche Bedeutungen sie den Handlungen eines Anderen zuschreiben und welche Beiträge sie damit selbst zum Zustandekommen ihres Kränkungsgefühls leisten. Das ist natürlich besonders dann sinnvoll, wenn man für die Zukunft etwas an diesem Gefühl ändern möchte. Dazu werde ich im Weiteren mehr sagen. Als Ausgangspunkt genügt es, an dieser Stelle festzuhalten, dass die Kränkung, die eine Person erlebt, *nicht kausal* durch die Handlung der anderen Person *verursacht* wird, wie wir schon in Abschnitt 8 gesehen hatten. Stattdessen ist es treffender zu formulieren: Das Erleben einer Kränkung bei der einen wird durch die Handlung der anderen *hervorgerufen* oder *ausgelöst*.

Es gibt somit zwar einen *interaktionellen* Zusammenhang zwischen beiden Ereignissen (dem Anlass und der Kränkung), aber eben keinen kausalen, denn eine »Interaktion schreibt ... ihre Effekte nicht vor. Sie determiniert sie nicht ..., weshalb wir davon sprechen, daß eine Wirkung ›ausgelöst‹ wird« (Maturana & Varela 1987, 106). Wie jeder weiß, kann selbst die Befolgung eines Befehls, obwohl er seinem Wesen nach die Absicht verfolgt, dem Empfänger ein Verhalten vorzuschreiben, immer auch verweigert werden. Anders gesagt: Wer einem Befehl folgt, tut das nicht allein, weil er ihn bekommen hat, sondern auch, weil er sich dazu *entschieden* hat, ihm zu folgen (aus welchen Gründen auch immer). Er nimmt den Befehl zum *Anlass* für seine *eigene* Entscheidung, das befohlene Verhalten auszuführen. Der Befehl ruft eine *Stellungnahme* des Empfängers hervor, aber *wie* diese Stellungnahme ausfällt, bestimmt nicht der Befehlsgeber, sondern der Empfänger.

Das ist deswegen möglich, weil zwischen dem Befehl und seiner Befolgung bzw. seiner Verweigerung *Zwischenschritte* stattfinden. Ebenso laufen zwischen dem äußeren Anlass für eine Kränkung und dem Erleben einer Kränkung psychische Verarbeitungsprozesse ab, die den Anlass sozusagen in das Kränkungsgefühl ›übersetzen‹ – oder eben auch nicht. Diese Prozesse sind sehr schnell und meist nicht oder nur teilweise bewusst, können aber – und darin liegt eine große Chance! – durch Verlangsamung und Aufmerksamkeit bewusst gemacht werden.

Zu ihnen gehören erstens Wahrnehmungen, zweitens Erwartungen und drittens Bewertungen, Einschätzungen und Beurteilungen; die letzten werden in der Emotionspsychologie oft mit dem englischen Wort »*appraisal*« belegt (vgl. das folgende *Diagramm 2*).

Man kann dieses Diagramm ungefähr so lesen (ich habe die im Diagramm enthaltenen Begriffe im Folgenden kursiv gesetzt): Ein

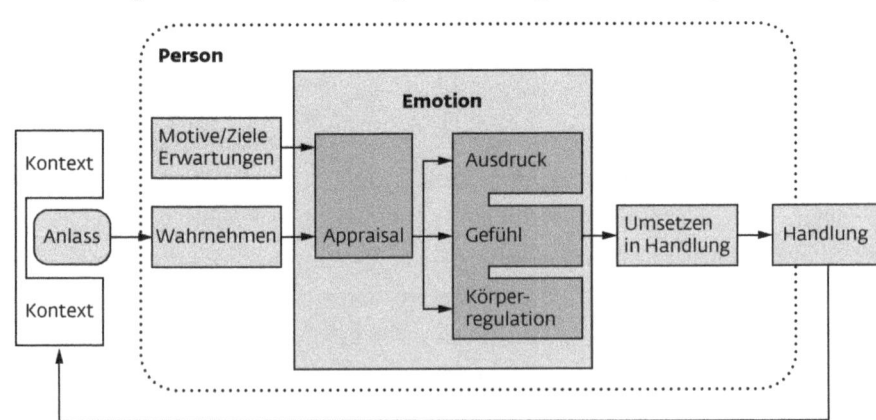

Diagramm 2: Emotion (aus Holodynski 2006, 45)

Anlass, der in einem bestimmten *Kontext* steht, wird von der *Person wahrgenommen*. (Beispiel: Im Zusammenhang mit dem Besuch eines Volksfestes sieht die Person eine Würstchenbude.) Die Art, wie die Person den Anlass wahrnimmt, ist bereits von ihren *Motiven, Zielen, Einstellungen* und *Erwartungen* beeinflusst. (Wer hungrig ist, nimmt das Angebot von Nahrungsmitteln bevorzugt wahr; wer satt ist, wendet seine Aufmerksamkeit vielleicht eher einem Glücksspiel zu. Ein Vegetarier wird, auch wenn er hungrig ist, an einer Würstchenbude wenig Interesse finden.)

Der Anlass, den die Person auf die von ihren Bedürfnissen beeinflusste Weise wahrgenommen hat, wird dann von ihr *bewertet*[28] (z. B. als angenehm oder unangenehm). Diese Bewertung ist bereits ein Teil der *Emotion*, die in Reaktion auf den wahrgenommenen Anlass entsteht. Weitere Aspekte der Emotion sind das konkrete *Gefühl* (z. B. Freude beim Würstchen-Liebhaber oder Ekel beim Vegetarier), der dazugehörige *Ausdruck* (im Gesicht, in der Körperhaltung, in Gesten etc.) sowie die entsprechende *Körperregulation* (Pulsfrequenz ändert sich, Wasser läuft im Mund zusammen bzw. Würgreflex wird aktiviert etc.). Im nächsten Schritt entwickelt die Person dann einen Plan, wie sie ihre Wahrnehmung und Emotion *in Handlung umsetzen* will (zur Bude gehen und ein Würstchen kaufen oder einen großen Bogen darum herum machen). Schließlich *handelt* sie diesem Plan entsprechend.

Auch wenn das hier gewählte Beispiel recht trivial ist, es zeigt deutlich, dass der Anlass (die Würstchenbude) in der Tat nur der *Anlass* und nicht die Ursache dafür ist, mit welchen psychischen Prozessen die Person darauf reagiert. Der Eindruck der Ursächlichkeit ist eine Illusion, die aufgrund der oben erwähnten zeitlichen Nähe dadurch entsteht, dass Anlass und Gefühl dicht aufeinanderfolgen und die anderen, zwischen Anlass und Gefühl ablaufenden Faktoren nicht bewusst werden.

---

28 Die Bewertung ist mit dem englischen *appraisal* gemeint.

Doch es ist nicht zufällig, dass die Würstchenbude bei der einen Person Appetit hervorruft, bei der anderen hingegen Widerwillen. Der Würstchen-Fan freut sich über das auf einem Volksfest häufig anzutreffende Angebot der von ihm bevorzugten Speise, die Vegetarierin ist genervt von der Allgegenwart des für sie unangenehmen Geruchs der Würstchen und ärgert sich über den Mangel an fleischfreien Angeboten.

Der Anlass ist zwar immer derselbe, aber die persönliche Reaktion eines Menschen darauf ist wesentlich von seinen Motiven, Zielen, Erwartungen und Bewertungen bestimmt. Man könnte es auch so formulieren: In Abhängigkeit davon, auf welche Person der Anlass trifft, ruft er unterschiedliche Emotionen hervor. Aber auch das ist noch zu allgemein gesagt. Denn Motive, Ziele, Erwartungen und Bewertungen und damit die **Bedeutungen**, die für die Person relevant sind, können ja auch *von Situation zu Situation* variieren.

> **Zwischenbemerkung 19:**»Beim Menschen haben wir es offensichtlich mit dem Phänomen zu tun, dass die entwickelten Emotionsformen ... ihren Ursprung nicht im biologischen Erbe des Individuums haben ..., sondern **im kulturellen Erbe, in ... Bedeutungssystemen**, aus denen sie das Kind erst in der Interaktion mit seinen Mitmenschen zu etwas Persönlichem und Intrapsychischem transformieren muss.« (Holodynski 2006, 34)

Wenn man diese Beobachtung mit berücksichtigt, ist festzustellen: In Abhängigkeit davon, in welcher subjektiven Situation der Anlass auf die Person trifft, ruft er unterschiedliche Emotionen hervor. Bemerkenswert ist dabei auch, dass die offensichtliche Absicht des Würstchenbudenbesitzers, möglichst viele seiner angepriesenen Delikatessen zu verkaufen, *unerheblich* dafür ist, welche Reaktionen sein Angebot bei den einzelnen potenziellen Konsumenten auslöst. Seine Rechnung geht – vermutlich zu seinem Bedauern – einfach nur bei denen auf, die aufgrund *ihrer* Vorlieben, Erwartungen und

Bewertungen sein Produkt auch mögen und aktuell Appetit darauf haben.

Um von Würstchen auf Kränkungen zurückzukommen – auch hier gilt: Der *Anlass*, der in einem bestimmten *Kontext* steht, wird von der *Person* unter dem Vorzeichen ihrer *Erwartungen* und *Motivationen wahrgenommen* und dann auf eine bestimmte Art und Weise *bewertet*. Diese Kette von psychischen Prozessen, deren Urheberin die betreffende Person ist und nicht der Anlassgeber, führt dann zu dem Gefühl der Kränkung. Die Tatsache, dass diese Prozesse teilweise automatisiert und ohne Bewusstheit ablaufen, ändert zwar nichts an der Urheberschaft, macht es aber schwer, ein *unmittelbares* Gespür dafür zu entwickeln. Deswegen kann leicht die erwähnte **Illusion** entstehen, der Anlass sei die Ursache der Kränkung. Das ist die Voraussetzung, an der die kulturellen Stereotype von Täter und Opfer anknüpfen und wirksam werden können.

> **Zwischenbemerkung 20:** »Die **Befreiung von der** ... **Illusion der Verantwortungslosigkeit** für das eigene Schicksal ist ein entscheidender Schritt zu persönlicher Freiheit, vor dem viele Menschen sich fürchten; denn diese Freiheit gibt es nicht ohne Verantwortung.«
> (Staemmler & Bock 2004, 101)

Manchmal werden sich Menschen ihrer Möglichkeit, einen wahrgenommenen Anlass nach eigener Wahl zu interpretieren, unmittelbar bewusst. Häufig gelingt es ihnen aber nicht ohne Weiteres, sich über die Interpretationen und Bewertungen (»*appraisals*«) klar zu werden, die den Charakter ihrer jeweiligen emotionalen Reaktion beeinflussen. Wer aber bereit ist, sich möglichst vorurteilsfrei dem eigenen Erleben zuzuwenden, kann in vielen Situationen mithilfe der nötigen Aufmerksamkeit für seine psychischen Prozesse – sowie eventuell mit Unterstützung eines freundlichen Gesprächspartners – entdecken, was er selbst dazu beiträgt, dass in der gegebenen Situation das aktuelle Gefühl und nicht irgendein anderes entsteht.

Marshall B. Rosenberg (unten »MBR« genannt), der bekannte Vertreter der von ihm entwickelten und sogenannten »Gewaltfreien Kommunikation«, gibt als Beispiel ein Gespräch wieder, das er im Gefängnis mit einem ärgerlichen Strafgefangenen (John) führte:

John: »Vor drei Wochen habe ich bei der Gefängnisleitung einen Antrag eingereicht, und sie haben bis jetzt noch nicht darauf geantwortet.«

MBR: »Als das passiert ist, waren Sie *weshalb* wütend?«

John: »Das habe ich Ihnen gerade gesagt. Sie haben auf meinen Antrag nicht reagiert!«

MBR: »Einen Moment. Anstatt zu sagen: ›Ich habe mich geärgert, weil sie ...‹, machen Sie bitte eine kurze Pause und werden Sie sich bewusst, was Sie zu sich selbst sagen, das sie so ärgerlich macht.«

John: »Ich sage gar nichts zu mir selbst.«

MBR: »Halt, machen Sie langsamer, hören Sie einfach auf das, was in Ihnen vorgeht.«

John (denkt still nach und dann): »Ich sage zu mir, dass sie keinen Respekt vor Menschen haben; sie sind ein Haufen kalter, gesichtsloser Bürokraten, die sich um niemanden kümmern außer um sich selbst! Sie sind wirklich ein Haufen ...«

MBR: »Danke, das ist genug. Jetzt wissen Sie, warum Sie sich ärgern.« (Rosenberg 2003, 141 – H. i. O.)

An diesem Beispiel lässt sich sehen, wie die Geschichte, die John sich selbst über die Vorgänge zwischen sich und der Gefängnisleitung erzählt, sein Gefühl beeinflusst. Solche Geschichten (manchmal auch »Narrative« genannt) sind die Form, in die Menschen gerne ihre *appraisals* einbetten, weil sie sich auf diese Weise besser mitteilen und nachvollziehen lassen. Solche Narrative darf man allerdings keinesfalls als die Beschreibung einer ›objektiven‹ Wahrheit missverstehen. Sie illustrieren vielmehr die Art und Weise, wie ein

Mensch sich seinen subjektiven Reim auf seine Erfahrung macht. Sie veranschaulichen damit außerdem, welches Bild die betreffende Person von sich selbst und von den für sie jeweils bedeutsamen Anderen zeichnet.

Wenn man Johns Narrativ betrachtet, kann man zunächst deutlich erkennen, dass seine Geschichte auch den Zweck hat, eine Lücke zu füllen: Er *weiß nicht*, warum er von der Gefängnisleitung noch keine Antwort bekommen hat, und überbrückt die Lücke mit der Vorstellung von kalten Bürokraten, die sich um niemanden kümmern (vgl. auch Abschnitt 17.2). Dabei erliegt er zwar dem oben beschriebenen Attributionsfehler, aber er kann seiner Erfahrung damit wenigstens einen Sinn geben. Er meint jetzt zu verstehen, wie es zu der für ihn unangenehmen Situation gekommen ist.

Mit seinem **Narrativ** greift er allerdings auf das Klischee von Tätern und Opfern zurück und gibt auf diese Weise seinem Schicksal einen Sinn, der nicht unbedingt vorteilhaft für ihn sein muss. Seine Art, die Verständnislücke zu schließen, macht es z. B. unwahrscheinlich, dass er nachforscht, ob sein Antrag überhaupt bei der Gefängnisleitung angekommen ist. So ist seine Sinnstiftung für ihn nicht nur mit Ärger, sondern auch mit dem Gefühl der Ohnmacht verbunden, wodurch er möglicherweise noch hilfloser wird, als das bei den im Gefängnis gegebenen Machtverhältnissen unvermeidlich ist.

> **Zwischenbemerkung 21:** »Ob wir uns an uns selbst wenden und unsere Lebensereignisse in der Erinnerung Revue passieren lassen oder ob wir uns unserer sozialen Natur folgend an Andere wenden – **während wir Geschichten über uns selbst erzählen und erneut erzählen, formen wir in Wirklichkeit unsere Erinnerungen an diese Ereignisse und machen sie mehr und mehr zu einem Teil dessen, wer wir sind.**« (Hardcastle 2003, 47)

In jedem Fall enthalten solche Narrative »Elemente des Fabulierens, und jedes Selbstbild ist ein Konstrukt von zweifelhafter Wahrhaftigkeit, voll von Irrtümern, Selbstüberredung und Selbsttäuschung« (Bieri 2013b, 96 – H. i. O.). Das Gute dabei ist: Weil man selbst die Autorin bzw. der Autor ist, kann man Anderen und sich selbst jederzeit eine *andere, neue* Geschichte erzählen.

Das Erzählen von Geschichten hat über den inhaltlichen Aspekt hinaus auch einen Beziehungsaspekt, denn Geschichten, die erzählt werden, sind auch Geschichten, denen jemand lauscht. Erzählen und Zuhören bringt Menschen zusammen:

> Es ist wichtig, sich immer wieder in Situationen zu begeben, in denen wir die Verbundenheit auch spüren können. Das tun wir, indem wir mit anderen Menschen in Kontakt gehen, uns in Gruppen zusammenfinden, in die wir unsere individuellen Fähigkeiten einbringen, kooperieren, uns ergänzen und gemeinsam Probleme lösen, die wir alleine nicht zu lösen imstande wären, und uns Geschichten erzählen, die neue Zusammenhänge herstellen. (Dürr 2012, 23)

11 Beeinträchtigung des Selbstwerts

Vom Wunsch nach Anerkennung und der»konstitutionellen
Gefährdung« des Menschen, von Liebe und Kränkbarkeit,
unerfüllten Achtungsansprüchen und der Ansprüchlichkeit des Ego

Meine nächste Überlegung geht davon aus, dass Menschen sich
Anerkennung von Anderen wünschen. In unserer von individualis-
tischem Denken geprägten Kultur zeigt sich dieses Bedürfnis überwiegend in der Form, dass Menschen bestrebt sind, ihr Selbstwertgefühl stabil oder, besser noch, auf einem möglichst hohen Niveau
zu halten. Dieses Motiv wird zu den sogenannten »Grundbedürfnissen« gerechnet; das sind psychische Bedürfnisse, »die bei allen
Menschen vorhanden sind und deren Verletzung oder dauerhafte
Nichtbefriedigung zu Schädigungen der psychischen Gesundheit
und des Wohlbefindens führen« (Grawe 2004, 185). Neben dem
Wunsch nach sozialer Anerkennung gehören noch andere Bedürfnisse dazu, von denen ich später einige erwähnen werde.

Zwischenbemerkung 22: Das Streben nach Selbstwerterhöhung
als ein »Grundbedürfnis« zu verstehen, ist selbst ein Produkt unserer
westlichen Kultur, die dem Individuum besondere Bedeutung zuschreibt, und bringt einige Risiken mit sich. »Je individualistischer
eine Gesellschaft ausgerichtet ist, desto grösser ist das Einzelstre-
ben nach Anerkennung, und desto individueller bzw. existentieller
werden auch Kränkungen erfahren« (Caduff 2010, 41). Wer andere
Werte über den des eigenen Selbst stellt, ist weniger durch Kränkungen gefährdet. Manche Sozialpsychologen warnen daher davor,
das Streben nach einem hohen Selbstwert vorbehaltlos und uneingeschränkt für positiv zu halten:

> »Eine unkritische Befürwortung des kulturellen Wertes eines hohen Selbstwertes könnte kontraproduktiv und sogar gefährlich sein. Im Prinzip mag es möglich sein, den Selbstwert aller Menschen zu erhöhen, aber es dürfte beinahe mit Sicherheit unmöglich sein, alle Menschen vor der Bedrohung ihres Egos zu schützen. In der Tat ist das Ego umso empfindlicher für Bedrohungen, je größer (und insbesondere je aufgeblasener) es ist. In diesem Licht betrachtet **könnte das gesellschaftliche Streben nach einem großen Selbstwertgefühl für jedermann letztlich zu ernsthaftem Schaden führen.**« (Baumeister, Smart & Boden 1996, 29)

Zur Befriedigung seiner Bedürfnisse braucht ein Mensch in der Regel andere Menschen; bei dem Bedürfnis nach Anerkennung durch Andere ist das selbstverständlich in besonderer Weise der Fall. Deshalb ist das Selbstwertgefühl mehr oder weniger durch andere Menschen beeinflussbar: Ganz ohne die Anerkennung und Bestätigung von Freundinnen, Kolleginnen oder Bekannten kommt keiner aus, auch wenn er sich noch so autonom fühlen mag. Umgekehrt haben Kritik, Abwertung oder Nichtbeachtung durch Andere eine negative Wirkung auf das Empfinden des eigenen Wertes, der man sich nur begrenzt entziehen kann. Dadurch sind alle Menschen in mehr oder weniger großem Ausmaß anfällig für Kränkungen, manche sogar so sehr, dass sie sich aus Angst vor Kritik und den Gefühlen, die diese bei ihnen auslösen kann, unterwürfig den (vermeintlichen) Erwartungen Anderer anpassen.

Habermas spricht von der »konstitutionellen Gefährdung« des Menschen, die sich daraus ergibt, dass »niemand … seine Integrität für sich alleine behaupten« kann (2009, 298). Sie beruht auf einer fundamentalen entwicklungspsychologischen Gegebenheit, die der Theologe und Dialogphilosoph Martin Buber sehr prägnant in Worte gefasst hat: »Der Mensch wird am Du zum Ich« (1936, 36). Dabei geht es nicht nur um die Art und Weise, wie sich jemand konkret entwickelt, sondern – sehr viel grundsätzlicher – auch um die

Tatsache, *dass* ein Mensch überhaupt nur ein Wesen mit dem Gespür von einem eigenen Selbst werden kann, wenn er zuvor von Anderen als solches gesehen und angesprochen wird. Ein eigenes Selbst entwickelt ein Kind erst dadurch, dass es die Perspektive der Erwachsenen, von denen es bereits als Person wahrgenommen wird, einnimmt und sich selbst aus dieser Perspektive zu sehen beginnt (vgl. Staemmler 2015).

In der Sprache eines Philosophen klingt das so:

Individuen werden als Personen allein dadurch konstituiert, daß sie sich aus der Perspektive zustimmender oder ermutigender Anderer auf sich selbst als Wesen zu beziehen lernen, denen bestimmte Eigenschaften und Fähigkeiten positiv zukommen. Der Umfang solcher Eigenschaften und damit der Grad der positiven Selbstbeziehung wächst mit jeder neuen Form von Anerkennung, die der einzelne auf sich selbst als Subjekt beziehen kann. (Honneth 1992, 277 f.)

Insofern hängt die Anerkennung, die man durch Andere erfährt, nicht nur wesentlich mit dem eigenen Selbstgefühl zusammen, sondern auch mit dem **Gefühl von Zugehörigkeit** und Verbundenheit (vgl. den folgenden Abschnitt).

Zwischenbemerkung 23: »Denken Sie auch einmal darüber nach, dass wir sehr stark von unseren sozialen Motiven gesteuert werden: wir wollen anerkannt und geschätzt werden, erwünscht, gewollt und geliebt sein und auf der andere Seite vermeiden, kritisiert, beschämt, abgelehnt oder vergessen zu werden. **Bei den meisten von uns sind es die *sozialen Motive und Bedürfnisse*, die das Selbstgefühl ... bestimmen** und uns antreiben.« (Gilbert & Choden 2014, 113 – H.i.O.)

Und dieser Zusammenhang bleibt das ganze Leben lang bestehen, auch wenn man, während man älter[29] wird, in der Regel zunehmend unabhängiger von *bestimmten* Anderen wird und eine größere Wahlfreiheit bezüglich der Frage gewinnt, *welchen* anderen Menschen man einen kleineren oder größeren Einfluss darauf gewähren möchte, ob man sich wertvoll, anerkannt und verbunden fühlt.

Dabei spielt es natürlich eine wesentliche Rolle, in welcher Beziehung man jeweils zu einer konkreten Bezugsperson steht: Den Äußerungen von Menschen, die ich nur flüchtig kenne, messe ich in der Regel keine so große Bedeutung bei wie denen von Menschen, mit denen ich in engeren und wichtigeren Beziehungen stehe; und den Kommentaren von Menschen, die ich bewundere, schenke ich meist mehr Beachtung als den Stellungnahmen derer, die ich für unbedeutend, durchschnittlich oder beschränkt halte. Dadurch bekommen die Anderen und ihre Stellungnahmen für mich ein sehr unterschiedliches Gewicht.

Anders gesagt: *Ich gebe* ihnen unterschiedlich viel Macht darüber, ob sie mich auf- bzw. abwerten und kränken können. Dieser Faktor macht übrigens verständlich, warum gerade in Partnerschaften und anderen nahen Beziehungen das Kränkungsrisiko besonders hoch ist. Dostojewskis *Jüngling* formuliert es kurz und knapp: »Wen man am meisten liebt, den kränkt man am ehesten« (1957, 536). Weil Kränkungen kooperative Ereignisse sind, gilt natürlich auch umgekehrt: Durch Menschen, die man liebt, ist man leichter zu kränken.[30]

Aber nicht nur die Bedeutung, die ich einer anderen Person für mich gebe, stellt einen wesentlichen Faktor für meine Kränkbarkeit dar, sondern auch die Wichtigkeit, die ich meiner gerade zur Debatte stehenden Eigenschaft, Handlung oder Leistung zuschreibe. »Kandidaten für Kränkungen sind sämtliche Eigenschaften, auf die

---

29 Ich lasse das Problem eventueller Pflegebedürftigkeit im hohen Alter hier beiseite.

30 In jedem Fall zeigt mir jemand, der sich durch mich gekränkt fühlt, dass ich ihm in irgendeiner Form wichtig geworden bin, auch wenn er das in dem Moment vielleicht gar nicht wahrhaben oder am liebsten ungeschehen machen will.

wir irgendwie *stolz* sind« (Vollmer 1992, 104 – H. d. V.). Wenn mir z. B. mein Beruf besonders am Herzen liegt, deute ich kritische Bemerkungen Anderer dazu wahrscheinlich eher als Kränkungen.

Meine Berufsehre mit dem Wort »Scharlatan« herauszufordern, war daher kein schlechter Schachzug, falls die in Beispiel 4 geschilderte Klientin beabsichtigt haben sollte, sich für die erlebte Kränkung zu revanchieren:[31]

Wer mit einer bestimmten sozialen Rolle (z. B. seiner Berufsrolle, Elternrolle etc.) stark identifiziert ist und daraus viel Nahrung für seinen Selbstwert bezieht, verbindet mit dieser Rolle oft einen besonderen Achtungsanspruch; deshalb kann bzw. muss man in diesen Zusammenhängen mit einer erhöhten Kränkbarkeit rechnen. Corina Caduff (2010, 59 ff.) hat das für künstlerische Leistungen sehr schön untersucht und beschrieben, warum Menschen gerade im kreativen Bereich oft besonders empfindlich für Infragestellungen aller Art (z. B. für Kritiken und Rezensionen) sind.

Etwas grundsätzlicher kann man es so sagen: *Meine Bedürfnisse, Erwartungen und Ansprüche* an die Achtung, die die Anderen mir entgegenbringen sollen, setzen, wenn sie frustriert werden, die Maßstäbe dafür, ob ich das Verhalten dieser Personen als Kränkung, d. h. als Nichterfüllung meiner Bedürfnisse nach Anerkennung, einstufen kann oder nicht. Insofern werden Kränkungen verständlich als Frustrationen eines

Achtungsanspruchs: Eine Handlung wird für eine Person dann zu einer Beleidigung, wenn durch sie deutlich wird, dass ihr nicht der Wert beigemessen wird, den sie sich selbst beimisst

---

31 Das Beispiel zeigt übrigens auch, warum es dem eigenen Wunsch nach Achtung manchmal eher schadet, wenn man sich gegen ein solches Kränkungsangebot wehrt. Denn man erkennt so implizit die Autorität dessen an, der die Entwertung vorträgt; man wertet ihn und die von ihm vorgetragene Entwertung damit auf und verstärkt so – entgegen dem eigenen Interesse! – die potenziell kränkende Wirkung auf sich selbst. Sich nicht zur Wehr zu setzen wäre dann ein Ausdruck von *Souveränität* und nicht mit beleidigtem Rückzug zu verwechseln.

und den beizumessen sie sich berechtigt sieht. ... Es ist wichtig zu betonen, dass nicht die Handlung selbst dem Achtungsanspruch direkt zuwiderlaufen muss, wie es z. B. bei einer Beschimpfung der Fall wäre – es genügen Handlungen, aus denen der Beleidigte *folgern* kann, dass der Beleidiger in den für die Selbsteinschätzung relevanten Aspekten ihn geringer einschätzt, als er für sich beansprucht. (Meier 2007, 28 f. – H. i. O.)

Nun kann man aus den Äußerungen von Anderen sehr unterschiedliche Folgerungen ziehen, d. h. ihre Äußerungen auf verschiedene Art **interpretieren** (in *Diagramm 2* war hier von »*appraisal*« die Rede):

> **Zwischenbemerkung 24:** »Ich habe keine Wahl bezüglich der Ereignisse in dem Sinn, dass ich die Fähigkeit besäße, die Fülle der Reize zu kontrollieren oder zu bestimmen, die auf mich zu jedem beliebigen Moment meines Lebens einwirken. Der Stellenwert und die Bedeutung, die ich diesen Reizen gebe, die Interpretation, die ich zu jedem gegebenen Moment vornehme, die Einstellung, die ich ihnen gegenüber einnehme, die Werte, mit denen ich sie ausstatte, die Wirkung auf mein Leben, die ich ihnen zuschreibe – letzten Endes **die Art, wie ich mit den Ereignissen in Beziehung trete**, ist allerdings eine Sache meiner Wahl.« (Spinelli 2007, 46 – H. i. O.)

Wenn ich z. B. in einer eher bedrückten Stimmung bin, wirkt dieselbe Äußerung einer Kollegin anders auf mich, als wenn ich mich heiter und kräftig fühle. Falls ich eine Aussage als ungeschickte Formulierung auffasse und nicht als gründlich durchdachten Kommentar, gebe ich ihr einen geringeren Stellenwert. Und selbst wenn jemand mich unverblümt beschimpft, habe ich auch die Möglichkeit, das als Ausdruck ihrer miserablen Tagesform, schlechten Erziehung oder schwach entwickelten Fähigkeit zur Kontrolle ihrer

Impulse zu verstehen und dafür Mitgefühl zu empfinden; ich kann aber auch feststellen, dass ich *keine Ahnung* habe, was die Motive für ihr Verhalten letztlich sein mögen, und mir erlauben, darüber im Unklaren zu bleiben, anstatt meine Unsicherheit mit schnellen Erklärungen zu übertünchen – oder ich kann es als eine für mich, mein Selbstbild oder meinen Selbstwert maßgebende Stellungnahme betrachten, die ich mir als Beleidigung zu Herzen nehme und gegen mich selbst wende.

Das Selbstwert-Modell versteht Kränkungen somit als Folge zwischenmenschlicher Ereignisse, die die fragliche Person im Sinne einer Beeinträchtigung ihres Selbstwertgefühls *auffasst* und auf die sie *deswegen* negativ reagiert (manchmal aus einem dem Beobachter nichtig erscheinenden Anlass – vgl. Beispiel 5, der wütende Omar Sharif). Konkret heißt das: Wenn eine Person das Verhalten eines anderen Menschen auf der Basis bestimmter Erwartungen so deutet, dass diese Interpretation einen negativen Effekt bezüglich des eigenen Selbstwerts auslöst, hat das Folgen: Es entsteht ein unangenehmes Gefühl des Gekränktseins, und dieses Gefühl fordert eine Reaktion heraus, die das Selbstwertgefühl wieder stabilisiert bzw. in positive Richtung korrigiert (vgl. Baumeister et al. 1996 – siehe auch das folgende *Diagramm 3*).

Des Einflusses, den die eigene Erwartung und die entsprechende Interpretation dabei ausgeübt haben, ist sich die Person aber häufig nicht bewusst. Darum bezieht sich ihre aversive Reaktion dann auf den auslösenden äußeren *Anlass* und auf die daran beteiligte(n) Person(en) und nicht auf die eigene Erwartung oder die Deutung (das *appraisal*). Das Ziel, die erlebte Beeinträchtigung des Selbstwertgefühls rückgängig zu machen bzw. zu korrigieren, sodass das zunächst geschwächte Selbstwertgefühl wieder stabilisiert oder gesteigert werden kann, wird dann folglich durch eine Einflussnahme auf die *äußere* Situation und die andere(n) Person(en) angestrebt (In *Diagramm 2* ist das der Bereich links, der *außerhalb* der gepunkteten Linie liegt, die den Bereich der Person markiert).

Dafür bieten sich im Prinzip zwei Möglichkeiten an, zwischen denen man unter der Voraussetzung, dass man den eigenen Selbstwert bedroht sieht, wählen kann; oben hatte ich schon von den Reaktionsmustern des Angriffs und des Rückzugs geschrieben: Wenn man sich bereits gekränkt fühlt,[32] kann man entweder gegen denjenigen vorgehen, dem man die Verantwortung für die Einschränkung seines Selbstwerts zuschreibt, und ihn aggressiv bekämpfen oder herabzusetzen versuchen – frei nach dem Motto »Macht kaputt, was euch kaputt macht!« (vgl. die linke Seite im *Diagramm 3*). Oder aber man gibt erst einmal nach und zieht sich (beleidigt, depressiv) zurück, um dem negativen Einfluss zu entgehen und sich davon früher oder später zu erholen (vgl. die rechte Seite in *Diagramm 3*).

Dieses Konzept enthält einige Elemente, die es differenzierter und komplexer machen als das Ursache-Wirkungs-Modell. Dadurch eröffnen sich Möglichkeiten des Verständnisses und der Verarbeitung von Kränkungssituationen, die das Täter-Opfer-Schema nicht bieten kann. Das erste dieser Elemente, das neue Optionen eröffnet, liegt darin, dass ihm kein primitives Reiz-Reaktions-Muster zugrunde liegt, sondern angenommen wird, dass die gekränkte Person das auslösende Ereignis als Angriff auf ihren Selbstwert *interpretiert*. Wichtig ist also nicht allein das Ereignis (das Verhalten des Anderen), sondern zusätzlich auch die Art, wie die Betroffene dieses für sich *deutet* – anders gesagt, in welchen *Bezugsrahmen* sie es stellt (vgl. auch weiter unten, Abschnitt 13).

Das Verhalten des Anderen wird erst dadurch zur Kränkung, dass es so aufgefasst wird. Erst *beides zusammen* führt dazu, dass das Selbstwertgefühl des Betroffenen unter Druck gerät.[33] »Damit also eine

---

32 Aggression und beleidigter Rückzug sind von daher gesehen falsche Alternativen; die echte Alternative bestünde darin, die gegebene Situation anders als als Kränkung zu verarbeiten.
33 So ist es vielleicht zu erklären, dass man das Wort »Kränkung« *sowohl* für die Handlung des Anderen *als auch* für das eigene Erleben verwenden kann.

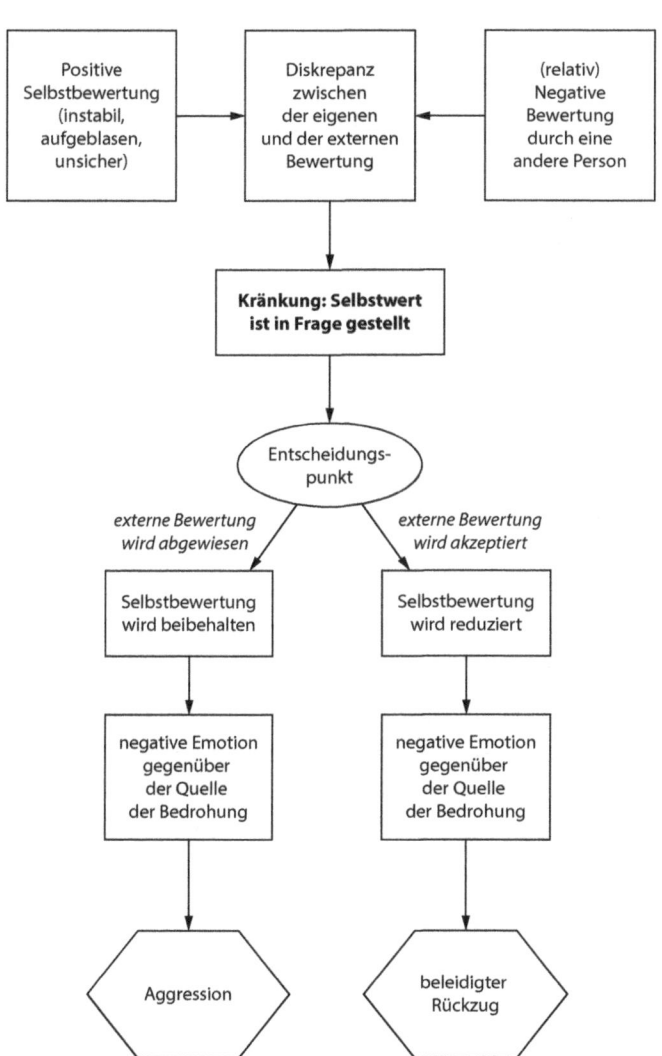

Diagramm 3: *Angriff und Rückzug* (nach Baumeister et al. 1996, 12)

Äußerung zu einer Beleidigung wird, muss der Beleidigte sie als solche verstehen und sich auch tatsächlich beleidigt fühlen – zunächst einmal unabhängig davon, ob dies ... durch den Sprecher beabsichtigt war« (Meier 2007, 38). Das trifft sogar auf Äußerungen zu, die nach gesellschaftlicher Konvention (einschließlich Rechtsprechung) eindeutig als Beleidigungen gelten, z. B. wenn jemand einen Anderen als »Arschloch« bezeichnet oder ihm den ›Stinkefinger‹ zeigt.

Natürlich muss jede Person, die ein Verhalten zeigt, das nach den gängigen Konventionen als Beleidigung gilt, mit relativ großer Wahrscheinlichkeit davon ausgehen, dass es auch so aufgefasst wird. Sie kann sich in keinem Fall darauf berufen, überrascht davon zu sein, dass die so rüde angesprochene Person gekränkt reagiert. Konventionen dienen ja gerade dazu, den Menschen innerhalb einer bestimmten Kultur gewisse Anhaltspunkte für eine gelingende Kommunikation zu liefern;[34] wer gegen sie verstößt, muss sich außerdem im Klaren darüber sein, dass er sich dem begründeten Verdacht der Absicht aussetzt. Trotzdem *muss* die Angesprochene sich auch in einem solchen Fall nicht beleidigt fühlen. Wenn sie *sich* einfach nichts daraus *macht* – was für eine treffende Redewendung! –, lässt sie die unhöfliche Äußerung oder Geste des Anderen ins Leere laufen.

An diesem Beispiel wird übrigens eine wichtige Differenzierung deutlich, die ich oben schon im Zusammenhang mit jener Klientin, die mich als »Scharlatan« bezeichnete, angedeutet hatte (vgl. Beispiel 4 in Abschnitt 3): Selbst wenn man gute Gründe hat, die Äußerung einer Anderen als Respektlosigkeit und Entwertung zu interpretieren, bedeutet das nicht schon, dass man sie auch persönlich nehmen und als Beeinträchtigung des eigenen Selbstwertgefühls verarbeiten muss. Sie nicht persönlich zu nehmen, reduziert die negative Wirkung und beugt zudem der Gefahr vor, aggressiv darauf zu reagieren. Was bleibt, wenn einem an der Anderen etwas liegt, ist vielleicht ein Bedauern oder eine Traurigkeit über den Mangel an Verbundenheit und Verständnis (vgl. die folgenden Abschnitte 12 und 13).

---

34 Der Haken dabei ist, dass die Konvention nicht nur zu einem gewissen Maß vor Beleidigungen schützt, sondern zugleich suggeriert, dass man sich durch Verstöße dagegen geradezu beleidigt fühlen *muss*!

Eine entwertende Äußerung wird natürlich dann mit größerer Wahrscheinlichkeit als Beleidigung interpretiert, wenn die positive Selbstbewertung des Adressaten ohnehin schon labil oder schwach ausgeprägt ist, bzw. wenn er die Unsicherheit seiner Selbsteinschätzung dadurch zu vertuschen versucht, dass er sich in irgendeiner Weise ›aufbläst‹, um (vor sich oder den Anderen) selbstsicherer und beeindruckender zu erscheinen, als er sich tatsächlich fühlt. Dann reicht manchmal ein geringfügiger Anlass, um das Verhalten oder den Kommentar eines Anderen als Infragestellung des eigenen Selbstwerts – manchmal auch in altmodischeren Begriffen: des Stolzes und der Ehre – zu interpretieren und sich in einer Krise wiederzufinden, die als Gekränktheit in Erscheinung tritt. Die Kränkung ist dann der bohrende Kummer der erlebten Entwertung, der besonders heftig werden kann, wenn er auf den Boden einer Neigung zur Selbstentwertung fällt.[35]

Ein weiterer Faktor, der die Kränkbarkeit von Menschen verschärfen kann, hat weniger mit dauerhaften Einstellungen zu tun als mit *situativen* Bedingungen: Wer sich gerade mit etwas zeigt, das für ihn heikel ist (wovon die Anderen allerdings nicht unbedingt etwas mitbekommen müssen), ist natürlich empfindlicher für Reaktionen, die als negative Bewertungen gedeutet werden können, als in einer anderen Situation, in der er sich subjektiv auf sicherem Boden bewegt. Dieser Faktor dürfte bei der Frau aus meinem zweiten Beispiel eine Rolle gespielt haben: Die Fotos, die ihr früherer Liebhaber ihr zurückschickte, zeigten sie unbekleidet.

Wenn es sich dabei um eine Situation handelt, in der nicht nur eine Bezugsperson, sondern *mehrere* Andere anwesend sind, steigt das Kränkungspotenzial weiter an. Jede Form von Öffentlichkeit verstärkt die Wirkung erlebter Abwertungen oder Beschämungen in besonderer Weise, denn der Gekränkte fühlt sich dann gleich vor einer ganzen Gruppe entwertet, bloßgestellt und von den Anderen

---

35 Auf solche ›wunden Punkte‹ werde ich in Abschnitt 17.2 noch zurückkommen.

isoliert, im Extremfall sogar generell aus der menschlichen Gemeinschaft ausgeschlossen und einsam.

All das bedeutet, dass die Wahrscheinlichkeit, eine Kränkung zu erleben, mit der Ausprägung des eigenen Bedarfs an Bestätigung und Achtung steigt. Wer sich auf die Anerkennung oder gar die Bewunderung der Anderen in einer bestimmten Situation besonders angewiesen fühlt, macht sich dadurch besonders leicht kränkbar. Dieses Bedürfnis bildet dann den Hintergrund, der das gesamte Erleben des Betreffenden einfärbt und so die Fragestellung bzw. das Deutungsmuster bestimmt, unter der er die Verhaltensweisen der Anderen betrachtet: Kommen in ihrem Verhalten Anerkennung und Respekt zum Ausdruck oder vielleicht Missachtung und Desinteresse?

Je ausgeprägter der Bedarf an Bestätigung für das eigene Ego und die **Ansprüchlichkeit** sind, mit der die Bestätigung eingefordert wird, desto häufiger kann es vorkommen, dass das Verhalten eines Anderen diesem Bedürfnis nicht oder nicht in ausreichendem Umfang oder nicht schnell genug entspricht.

Zwischenbemerkung 25: Manche Menschen»glauben, dass ihre Überlegenheit sie **berechtigt, auf spezielle Art behandelt zu werden**, und sie sind stark darauf aus, ihre [vermeintlichen] Rechte durchzusetzen und einzufordern, wovon sie meinen, dass Andere es ihnen schulden. ... Solch eine Person erwartet von Anderen eine Sonderbehandlung« (Exline, Baumeister, Bushman, Campbell & Finkel 2004, 895). Weil diese aber natürlich nicht immer gewährt wird, ist die Wahrscheinlichkeit einer Kränkung hoch.

Aus diesem Grund sind es interessanterweise nicht unbedingt die Menschen mit einem sehr niedrigen Selbstwertgefühl, die leicht zu kränken sind: Für sie stimmen die tendenziell kritischen Stellungnahmen Anderer mit der eigenen Selbsteinschätzung überein und werden deshalb oftmals nicht als Diskrepanz und Infragestellung erlebt (vgl. mittlere Box in der obersten Reihe von *Diagramm 3*) – und damit auch nicht unbedingt als Kränkung.

Im Unterschied dazu sind Menschen mit »unrealistisch positiven oder aufgeblasenen Selbsteinschätzungen …, die unsicher, labil und stark von externer Bestätigung abhängig sind, besonders empfänglich dafür, Bedrohungen zu erleben« (Baumeister et al. 1996, 12). Wer den eigenen Wert hoch einstuft und sich für etwas Besonderes hält, in dieser Beurteilung aber nicht sehr stabil ist, kann recht schnell einmal aus der Bahn geworfen werden. Sein Ego ist leicht zu erschüttern, und die negativ erlebte Stellungnahme des Anderen weicht dann häufig *stark* von der eigenen Einschätzung ab; die Kränkung ist entsprechend heftig. Darüber hinaus bilden übertrieben positive und/oder wackelige Selbstbewertungen die Voraussetzung dafür, dass Infragestellungen des Selbstwerts *häufiger* als üblich erlebt werden: Die Wahrscheinlichkeit, dass externe Bewertungen in negativer Richtung davon abweichen bzw. einen negativen Einfluss ausüben, ist schon rein statistisch höher.

Zusammengefasst heißt das: Die Art und Weise, wie eine Person ihr Selbstwertgefühl reguliert und welche Rolle sie dafür konkreten Anderen zuweist, bildet eine wichtige Voraussetzung dafür, ob sie mehr oder weniger leicht zu kränken ist. Sie schafft damit nicht nur die Bedingungen dafür, *ob* sie das Verhalten eines Anderen überhaupt als Kränkung erlebt oder nicht, sondern auch dafür, *wie heftig* sie eine Kränkung empfindet.

Wer süchtig ist nach häufiger und ausgeprägter Anerkennung seines Werts durch Andere, wird häufig und ausgeprägt unter Kränkungen leiden. Wenn diese Sucht die Form von Abhängigkeit oder Unterwürfigkeit annimmt, entsteht die Gefahr von Kränkungen, die nicht nur aus dem Gefühl der Entwertung hervorgehen, sondern aus dem der Erniedrigung, wie man es bei dem ungeküssten Mann aus dem dritten Beispiel vermuten kann.

Unter diesem Blickwinkel ist Bärbel Wardetzki zuzustimmen, wenn sie schreibt: »Dass wir uns gekränkt fühlen, hat mehr mit uns zu tun als mit der Kränkungstat an sich« (2000, 26). Manch einer hört diese Botschaft gar nicht gern, denn er versteht sie vielleicht als die kühle und daher wiederum kränkende Mitteilung, er habe an seinen Kränkungen selber Schuld oder er solle sich nicht so anstellen. Manch anderer mag diese Feststellung als Befreiung empfinden, weil sie ihm die Chance bietet, selbst mehr Einfluss darauf zu nehmen, wie oft und wie heftig er sich gekränkt fühlt.

Wie Sie persönlich die zitierte Feststellung interpretieren und bewerten und was Sie für sich daraus machen, hängt nicht ursächlich von der Aussage der Autorin ab, sondern ist *Ihre* Sache – die Sache dessen, der sie liest. Ich würde Ihnen allerdings wünschen, dass Sie diese Aussage im Sinne von Watzlawick verstehen können, der schreibt:

Ich glaube, wer es fertigbrächte, zu der Erkenntnis voll und ganz durchzubrechen, daß wir die Architekten unserer eigenen Wirklichkeit sind, der würde sich durch drei wesentliche Merkmale auszeichnen: erstens Freiheit; denn wenn ich weiß, daß ich der Konstrukteur meiner Wirklichkeit bin, dann steht es mir frei, diese beliebig anders zu gestalten, produktiver, hilfreicher; ich wäre mir meiner Freiheit bewußt. Die zweite Eigenschaft: Er wäre im tiefsten ethischen Sinne verantwortlich. Es stünde ihm das bequeme Ausweichen in Schuldzuschreibungen an andere oder an das Sosein der Umstände nicht mehr offen. Er wüßte, daß er für sich verantwortlich ist. Drittens wäre ein solcher Mensch tolerant. Er würde dasselbe Recht, seine Wirklichkeit zu konstruieren, auch den anderen zubilligen müssen. (1992, 97)

12 Leid des Getrenntseins

Vom Bedürfnis nach Verbundenheit, von emotionaler Resonanz,
von abgeschlagenen Wünschen und anderen Enttäuschungen

Neben dem Eindruck, ungenügend geschätzt oder respektiert zu
werden, gibt es eine weitere subjektive Empfindung, die häufig
als Kränkung erlebt wird. Ich meine das Gefühl, von jemandem
nicht verstanden zu werden, der einem persönlich wichtig ist. Wie
es der berühmte Psychoanalytiker Michael Balint gesagt hat, »müssen [wir] uns klar darüber sein, daß es der größte Wunsch eines
jeden ... [Menschen] ist, *verstanden* zu werden« (1970, 113 – H.i.O.).
Auch hier ist wieder von einem grundlegenden menschlichen
Bedürfnis die Rede – und indirekt auch davon, welche emotionalen
Folgen eintreten können, wenn es unbefriedigt bleibt.

Sich nicht verstanden zu fühlen, ist für viele Menschen nämlich
eine große und nicht leicht zu ertragende Belastung. Das ist in
Beziehungen zu wichtigen Bezugspersonen natürlich in größerem
Ausmaß der Fall als im Verhältnis zu Menschen, die ihnen nicht so
viel bedeuten. In wichtigen Beziehungen bekommt der Wunsch,
sich verstanden zu fühlen, manchmal einen so großen Stellenwert,
dass Menschen geradezu verbissen darum kämpfen können. Der
Kampf wird umso härter, je bedeutsamer die Beziehung und je größer daher die bei Erfolglosigkeit drohende Pein ist.

Dabei wissen viele Menschen oft gar nicht so genau, was sie vom
Anderen brauchen, um sich verstanden fühlen zu können; sie pro-
bieren daher auf oft ungeeignete Weise, Verständnis hervorzurufen.
Manchmal versuchen sie, ihrem Gegenüber mit vielen Worten zu
erklären, wie sie sich fühlen und was sich wünschen; manchmal
brechen sie demonstrativ in Tränen aus und hoffen, dass ihre
Gefühle den Anderen irgendwie erreichen und ihnen das so drin-

gend gewünschte Verständnis einbringen. Und manchmal wenden sie in ihrer Verzweiflung alle möglichen Druckmittel an, um ihr Gegenüber damit zu zwingen, dass es sie endlich versteht.

All das dient dazu, das Leiden der Kränkung zu verhindern, das entsteht, wenn ich trotz allen Bemühens zu dem Ergebnis komme, dass ich mich in einer Angelegenheit, die mir wichtig ist, von einer Person, die mir viel bedeutet, nicht verstanden fühle. Die Enttäuschung, die mit dieser Erfahrung verbunden ist, ist so schwer zu ertragen, weil durch sie eine Kluft zwischen mir und der Anderen entsteht, die einen Einschnitt in das Gefühl von Verbundenheit bedeutet – ausgerechnet in jene Verbundenheit, die mir ansonsten so viel gibt.

Der Gedanke taucht auf: »Wie ist das möglich? Warum versteht gerade sie mich nicht, die mir eigentlich so nah ist? Warum enthält sie mir vor, was ich so dringend brauche, damit ich mich nicht einsam und verloren fühle? Das, worum es mir geht, ist doch eigentlich gar nicht so schwer zu verstehen …« Die Kränkung kommt mit dem Gefühl, allein zu bleiben und die Andere nicht erreichen zu können. (Manchmal setzt sich der Gedankengang von hier aus wieder in Richtung des Selbstwertthemas fort und lautet dann etwa so: »Wie kann sie mir das nur antun? Liebt sie mich etwa nicht mehr? Bin ich es ihr nicht wert, sich um Verständnis zu bemühen?«)

Das Gefühl, verstanden zu werden, speist sich aus zwei Quellen, einer mehr emotionalen und einer mehr rationalen (von der rationaleren handelt der nächste Abschnitt). Was die emotionale Quelle angeht, so besteht sie nicht – und vor allem nicht hauptsächlich! – darin, dass die Andere *intellektuell* begreift, in welcher Situation ich mich befinde; deshalb helfen viele Worte auf der emotionalen Ebene oft nicht viel. Ob ich mich verstanden fühle oder nicht, hängt viel entscheidender davon ab, ob ich den Eindruck habe, dass die Andere mein *emotionales* Befinden erfasst und sich davon *berühren* lässt.

Anders gesagt: Ein überzeugend empfundenes, zuverlässig gefühltes Verständnis vermittelt sich mir erst, wenn ich eine **emotionale Resonanz** bei der Anderen erkenne, wenn ich erlebe, dass mein Befinden ein dazu passendes *Mitfühlen* bei ihr hervorruft, wenn mein Erleben eine *Wirkung* auf sie ausübt und ihre *Anteilnahme* in der Form findet, dass sie in sich etwas Ähnliches erlebt wie ich, wenn auch mit geringerer Intensität (vgl. Staemmler 2009).

> **Zwischenbemerkung 26:** In »resonanten Zuständen fühlen wir uns wohl, **weil wir uns vom Anderen ›gefühlt‹ fühlen** – nicht mehr allein, sondern in Verbindung. Dies ist das Herz empathischer Beziehungen, weil wir spüren, dass unsere Erfahrungswelt als ein klares Bild in der Erfahrungswelt eines Anderen existiert.« (Siegel 2007 b, 290)

Diese Form von Verständnis bringt ein Gefühl von *Verbundenheit* hervor, und der Wunsch danach kann gerade in schwierigen Lebenslagen »fast so dringlich sein wie das Bedürfnis nach Nahrung« (Baumeister & Leary 1995, 498). Deshalb wird die Sehnsucht nach Verbundenheit gleichfalls zu den »Grundbedürfnissen« gezählt.

Genau das hatte Linda (vgl. mein sechstes Beispiel) vermisst, als ich ihre Frage beantwortete, was die Motive ihres Mannes gewesen sein mochten, sie zu hintergehen. Ich hatte ihre Frage *rational* verstanden und ebenso darauf geantwortet. Sie aber hatte sich (jedenfalls *zuerst* einmal[36]) gewünscht, mit der Fassungslosigkeit, die ihre Frage begleitete, von mir gesehen zu werden und meine *emotionale* Resonanz darauf zu erleben. Wie wir später klären konnten, hätte es ihr gutgetan, wenn ich ihr – weniger mit Worten als auf andere Weise – *gezeigt* hätte, wie mich ihre Erschütterung erreicht hatte. Das hätte ihr geholfen, sich mit mir verbunden und *von daher* ver-

---

36 Auch das *Timing* einer Antwort kann einen Einfluss darauf haben, wie sie verstanden wird.

standen zu fühlen. So aber fühlte sie sich zu meinem großen Bedauern von mir erbärmlich allein gelassen und isoliert, während ich meinte, ihr mit meiner inhaltlichen Antwort auf ihre Frage Orientierung und Unterstützung geben zu können.

Dies ist ein Beispiel für die kränkende Wirkung, die durch eine *misslungene empathische Abstimmung* hervorgerufen werden kann. Es zeigt, wie eine durchaus gut gemeinte Kommunikation als Kränkung ankommen kann, wenn sie bei derjenigen, die sich gerade besonders auf das Verständnis des Gegenübers angewiesen fühlt, den Eindruck eingeschränkter empathischer Resonanz erweckt und damit das Gefühl der Unverbundenheit auslöst.

Doch im alltäglichen Leben ist das auch bei besten Absichten der Beteiligten nicht immer zu vermeiden.»Misslingende Kommunikationen sind *normale* Ereignisse. Sie entstehen, wenn einer der Partner den emotionalen Ausdruck des Anderen nicht angemessen einschätzt und dann unpassend reagiert«[37] (Tronick 1998, 294 – H. d. V.). Das Misslingen ist in der Regel ebenso gegenseitig und gemeinsam wie das Gelingen: Im Falle des Scheiterns fühlen sich meist *beide* Beteiligte unverstanden und müssen, wenn sie ihre Verbundenheit wiederherstellen wollen, trotz der erlebten Frustration aufeinander zugehen und nach Wegen suchen, sich gegenseitig wieder verstanden zu fühlen.

Das Beispiel von Linda lässt sich übrigens auch als Illustration dafür lesen, was ich oben als die *Tragik* beschrieben habe, die in vielen Kränkungssituationen enthalten ist; mein guter Wille konnte Lindas Gekränktsein nicht verhindern. Das Beispiel veranschaulicht außerdem sehr gut, dass nicht nur der Anlass, sondern besonders auch der Kontext, in dem der Anlass für die Betroffene steht, eine große Rolle spielt (vgl. *Diagramm* 2): Hätte Linda sich nicht schon von ihrem Mann unverstanden und isoliert gefühlt,

---

37 Man müsste hier ergänzen: »… *aus dessen Sicht* nicht angemessen einschätzt und dann *aus dessen Sicht* unpassend reagiert.«

wäre mein Verhalten bei ihr möglicherweise ganz anders angekommen.

Dafür, dass sich jemand unverstanden fühlt, genügt es manchmal schon, ihm einen **Wunsch abzuschlagen** (vgl. das fünfte Beispiel: von meiner Klientin, die die Mittagspause in meiner Praxis verbringen wollte), auch wenn man diesen Wunsch noch so gut nachvollziehen kann und die abschlägige Antwort freundlich vorträgt.

Zwischenbemerkung 27: Meine amerikanische Freundin und Kollegin Lynne Jacobs berichtet von einem ihrer Klienten Folgendes: »Immer wenn er auf jemandes Grenzen stieß, fühlte er sich tief gekränkt und reagierte mit selbstschützendem Rückzug. ... Als wir die Sache weiter explorierten, wurde klar, dass er die Grenzen Anderer als für sich intensiv beschämend erlebte. Er verstand sie als persönliche Ablehnung, weil er meinte, einer ernsthaften Beschäftigung mit seiner Person nicht würdig zu sein« (1995, 88). Daran wird deutlich: **Wünsche nicht erfüllt zu bekommen, kann auch als Beeinträchtigung des Selbstwerts erlebt werden** (vgl. vorangegangenen Abschnitt 11).

Denn für manche Menschen bemisst sich die erlebte Einfühlsamkeit des Anderen – jedenfalls in Situationen, in denen sie sich besonders bedürftig fühlen – nicht nur daran, ob er ihre Bedürfnisse *versteht*. Für sie ist es bisweilen entscheidender, ob er sie auch *erfüllt*, und sie empfinden es als Kaltherzigkeit oder gar Böswilligkeit oder fühlen sich allein gelassen, wenn der Andere eigene Bedürfnisse hat und diesen in der gegebenen Situation einen höheren Stellenwert beimisst.

Die Kränkung des Getrenntseins spielt im Übrigen fast immer eine Rolle, wenn Beziehungen auseinandergehen, ganz besonders dann, wenn dies nicht aus einem gemeinsamen Prozess der Beteiligten hervorgeht, sondern auf einseitige Initiative eines der Partner hin erfolgt (vgl. das erste Beispiel: von dem Mann, der seine Frau beinahe wortlos verlässt). Dieses Trennungsleid lässt sich nicht allein auf die Entwertung zurückführen, die die Verlassene dann erlebt, wenn sie den Rückzug ihres Partners als Reaktion auf irgendeine eigene (eventuell nur vermeintliche) Minderwertigkeit deutet.

Es liegt für viele Betroffene auch eine Kränkung darin, mehr oder weniger plötzlich vor eine bereits getroffene Entscheidung gestellt zu werden, in deren Zustandekommen sie vom Anderen nicht einbezogen wurden. Auch hier kann natürlich das Thema des Selbstwerts berührt sein:»War ich es ihm nicht wert, mit mir frühzeitig zu sprechen?« – Aber das ist nicht die ganze Geschichte. Denn die Tatsache, dass der Andere überhaupt eine einsame Entscheidung treffen konnte, bedeutet ja, dass die Verbundenheit bereits zu einem früheren Zeitpunkt unterbrochen war, d.h. als die nunmehr mit der Trennung Konfrontierte sich noch selbstverständlich mit ihm verbunden fühlte, also schon *bevor* sie eine Ahnung davon hatte, dass diese Verbindung brüchig war. Die Kränkung liegt daher auch in der schockierenden Entdeckung, sich bereits seit einer gewissen Zeit in einem *falschen* Gefühl von Verbundenheit gewiegt zu haben. Die Kränkung ist das Ende einer Illusion, die *Ent-täuschung*, und alles, was der Mann nun tut, fällt auf diesen Boden. Zweifel an der Verlässlichkeit der eigenen Wahrnehmung und eine daraus erwachsende allgemeine Unsicherheit sind oft die zusätzlichen Folgen.

Wer wie die Frau in meinem ersten Beispiel schlagartig mit einer solchen Wirklichkeit konfrontiert wird, kann in der Regel die Vorgänge gar nicht so schnell verarbeiten, wie sie kommen. Das Aktuelle drängt sich dann erst einmal in den Vordergrund: das sprach- und kontaktlose ›Wie‹, die Art und Weise, mit der der Mann seinen Abgang vollzieht. Es ist zwar durchaus verständlich, dass die Frau sich dadurch respektlos behandelt fühlt und sich darüber empört. Aber sie übergeht zugleich (jedenfalls erst einmal) die vielleicht noch unerträglichere Tatsache, dass dieses ›Wie‹ eigentlich nur zu gut zu jener Sprach- und **Kontaktlosigkeit** passt, die schon seit längerer Zeit zwischen ihrem Mann und ihr existierten und von denen sie erst jetzt bestürzt erkennen muss, dass sie sie zuvor nicht bemerkt oder nicht ernst genommen hatte. Hier kann das Leid der Kränkung in die Qual der Scham übergehen.

Zwischenbemerkung 28: Das Beispiel zeigt außerdem, dass man das Verhältnis zwischen einer Kränkung und einer Störung der Beziehung auch anders verstehen kann als in dem Sinn, dass die Kränkung zuerst kommt und dann zu einer Beziehungsstörung führt. In vielen Fällen kann es auch genau umgekehrt sein: **Eine bereits bestehende Problematik in der Beziehung zeigt sich daran, dass sie zu einer kränkenden Interaktion führt**; die Beziehungsstörung entsteht nicht durch die Kränkung, sondern wird an ihr nur noch deutlich.

Ähnliche Gefühle entstehen übrigens in Menschen auch häufig, wenn sie sich von einer *Gruppe* (z. B. ihrer Familie, einem Verein, einer Volksgruppe oder religiösen Gemeinschaft), zu der sie gerne gehören wollen, nicht willkommen geheißen, sondern eher abgelehnt fühlen. Anlässe für Kränkungen »dieser Art reichen vom bloßen Nichtgrüßen über Liebesentzug bis zu Stigmatisierungen« (Burckhart 2001, 255). Der Eindruck, nicht einbezogen zu werden, nicht **dazuzugehören** oder gar aktiv ausgeschlossen zu werden, führt in vielen Situationen dazu, sich sowohl unverbunden als auch abgewertet zu fühlen.

Zwischenbemerkung 29: »Bedenken Sie …, dass wir sehr gern Dinge gemeinsam tun und nicht nur ein ›Ich‹ sein wollen, **dass wir gern zum ›Wir‹ werden** … Das Bilden von Gruppen und das Gefühl, Teil einer Gruppe zu sein, in der alle die gleichen Werte und Interessen teilen, kann sehr wichtig für unser Identitäts- und Sicherheitsgefühl sein. Wir können also Freude daraus beziehen, Dinge gemeinsam zu tun.« (Gilbert & Choden 2014, 113)

Dieser Eindruck kann wegen der Größe sowie der Anonymität einer Gruppe mit noch mehr Hilflosigkeit verknüpft sein als die Ablehnung durch einen Einzelnen, weil er viel umfassender wirkt und weil es viel schwerer ist, den Auslöser der Kränkung konkret zu fassen. Flüchtlinge und Migrantinnen können ein Klagelied davon singen. Denn »das soziale Grundbedürfnis ist das nach Zugehörigkeit, nach Angenommensein, nach Verbundenheit mit der Gruppe, in die das Schicksal einen gestellt hat« (Metzger 1975, 24).

13 Unsichtbare Horizonte

Von unterschiedlichen Perspektiven, von fehlenden Verabredungen, von der Unkontrollierbarkeit der Kommunikation und dem gemeinsamen Schaffen von Bedeutungen

Schauen wir uns die Kränkungssituation zwischen zwei Menschen nun einmal sozusagen aus der Vogelperspektive anhand von zwei der in Abschnitt 3 geschilderten Beispiele an: Im zweiten Beispiel war auf der einen Seite der Mann, der seiner früheren Geliebten die intimen Fotos zuschickte, und auf der anderen Seite die Frau, die sie mit der Post bekam und sich gekränkt fühlte.

Über ihn wissen wir, dass er keine Absicht hatte, sie zu kränken; für ihn war es im Gegenteil sogar eine Frage des Taktes und Respekts, die Fotos nicht bei sich zu behalten, weil sie eine Situation abbildeten, die nach dem Ende der Beziehung für ihn etwas Indiskretes bekommen hatte, das unter den nun gegebenen Umständen eine Art Grenzüberschreitung bedeuten würde, falls er die Fotos betrachtete. Auch die Option, die Bilder zu vernichten, hatte er verworfen, da ihm das hinsichtlich der Bedeutung, die sie für beide Beteiligte einmal gehabt hatten, unangemessen erschien. Deshalb war er wohlüberlegt zu dem Entschluss gekommen, sie seiner ehemaligen Geliebten zu schicken und es ihr zu überlassen, was sie damit machen wollte.

Über sie wissen wir, dass sie, als sie die Bilder erhielt, getroffen und gekränkt war, weil sie die Rücksendung als eine Art Affront auffasste – so, als würde er ihr, die ihn gerade verlassen hatte, das hinterherwerfen, was für sie beide einmal wichtig gewesen war. Sie empfand es als Entwertung der früheren Intimität und als Angriff auf ihre Würde, dass er die Bilder von ihr »entsorgen« wollte, als seien sie Müll, den aufzubewahren sich nicht lohnte. Durch seine Rücksendung gewann sie den Eindruck, dass jene Intimität und Verbundenheit, die sie einmal geteilt hatten und die in den Fotos symbolisiert waren, von ihm nunmehr zunichte gemacht wurden. Zusätzlich fühlte sie sich in ihrer Körperlichkeit entwertet – sozusagen nachträglich für unattraktiv erklärt.

Im vierten Beispiel war auf der einen Seite meine Klientin, die während meiner Mittagspause in meiner Praxis bleiben wollte, und auf der anderen Seite war ich, der ihr die Erfüllung dieses Wunsches verweigerte.

Die Gründe für meine Verweigerung waren für mich selbstverständlich: meine Schweigepflicht und der Schutz von in meiner Praxis aufbewahrten Daten (denen meiner Klienten und meiner eigenen). Die Alternative wäre für mich gewesen, entweder selbst in der Praxis zu bleiben oder alle Räume bzw. Schränke, in denen sensibles Material aufbewahrt ist, einzeln abzuschließen. Dafür war mir der Aufwand zu groß und schien mir in keinem sinnvollen Verhältnis zu dem Aufwand zu stehen, den es für meine Klientin bedeutete, ihre Pause in einem Café in der Nähe zu verbringen.

Wie sich in mühsamen Gesprächen über längere Zeit hinweg herausstellte, war meine Ablehnung ihres Wunsches für meine Klientin eine sehr einschneidende und bittere Erfahrung, bei der der ursprüngliche Anlass (die Tatsache, dass sie ihre Mittagspause anderweitig hatte gestalten müssen) praktisch keine Rolle mehr spielte. Für sie war nicht nachvollziehbar, dass ich der Meinung hatte sein können, Daten und Akten vor *ihr* (!) schützen zu müssen. Das verstand sie als einen offenen Ausdruck von Misstrauen gegenüber ihr persönlich – eigentlich gleichbedeutend mit der Unterstellung, sie habe den Plan, sich an meinen Sachen zu schaffen zu machen.

Der Kontext, in dem sie unsere Situation sah, beeinflusste ihre Deutungen: Nach den vielen Sitzungen, in denen wir daran gearbeitet hatten, dass sie ihr Muster, niemanden zu brauchen, überwand und sich anderen Menschen anzuvertrauen wagte, war es für sie ein Schock, dass ich ihr meinerseits scheinbar überhaupt nicht vertraute; mehr noch: Es erschien ihr im Rückblick geradezu zynisch von mir, sie ermutigt zu haben, mir (und Anderen) ihr Vertrauen zu schenken, wenn ich ausgerechnet in dem Moment, in dem sie endlich wagte, sich mir mit einem Wunsch anzuvertrauen, ihr dessen Erfüllung nicht nur verweigerte, sondern in ihren Augen damit auch deutlich zeigte, wie misstrauisch ich selbst war: Wie konnte ich so unglaubwürdig sein, von ihr das Eingehen von Risiken zu erwarten, die ich selbst nicht bereit war, auf mich zu nehmen?

Ich denke, man muss diese beiden Beispiele nicht weiter interpretieren, um aus der distanzierten Sicht des Beobachters feststellen zu können: Diejenigen, die durch ihr Verhalten die Kränkung bei ihrer jeweiligen Bezugsperson ausgelöst haben, hatten durchaus redliche Gründe und keine bösen Absichten (vgl. Abschnitt 2). Und diejenigen, die sich gekränkt fühlten, konnten durchaus plausible Gründe für ihr Erleben anführen. Aber – und das scheint mir ein wesentlicher Punkt zu sein – die Beteiligten sahen die gegebene Situation aus jeweils sehr *unterschiedlichen* Perspektiven.

Anders gesagt: Der jeweilige Bezugsrahmen, von manchen Philosophen auch »**Horizont**« genannt, in den sie die fraglichen Situationen stellten und der für sie die Bedeutungen bestimmte, die die Situationen für sie bekamen, waren voneinander sehr verschieden.

Zwischenbemerkung 30: Jedes Verstehen wird nur im Rahmen eines bestimmten Kontextes bzw. vor einem bestimmten Hintergrund möglich. Und jeder Kontext hat seine Begrenzungen, seinen »Horizont«; er schließt vieles ein, aber auch immer vieles aus. Nur da, **wo mein Horizont und der des Anderen »verschmelzen« bzw. eine Schnittmenge bilden, kann eine echte Verständigung stattfinden** (vgl. Gadamer 1990). Zu dieser Schnittmenge gehört u. a. die gemeinsame Sprache, weswegen eine verbale Verständigung

durchaus gelingen kann. Weil Menschen aber trotz solcher Gemeinsamkeiten auch immer ihre »individuellen Welttheorien« (Ungeheuer 1987) haben, kann die Verständigung jederzeit auch scheitern.

Doch nicht nur das. Dazu kommt noch, dass ihnen der jeweilige
Bezugsrahmen des Anderen *nicht bekannt* bzw. ihnen noch nicht
einmal die Tatsache bewusst war, dass überhaupt unterschiedliche
Bedeutungskontexte in ihre Situationen hineinwirkten.

Oft genug ist einem ja noch nicht einmal der *eigene* Bezugsrahmen, innerhalb dessen man die Mitteilung eines Anderen versteht,
vollständig bewusst; viel zu viele kulturelle und biografische Einflüsse wirken sich still und heimlich auf den eigenen Horizont aus.
Das merkt man u.a. daran, dass man gelegentlich selbst von der
kränkenden Wirkung überrascht wird, die die Äußerung eines
Anderen in einem ausgelöst hat. Man muss sich dann selbst erst
darum bemühen zu verstehen, wieso einem diese Äußerung eigentlich etwas ausgemacht hat. Und manchmal kommt man sogar trotz
einiger Anstrengung nicht dahinter.

Insofern ist es keineswegs etwas Ungewöhnliches, wenn mein
Gegenüber nicht weiß und auch bei bestem Willen immer nur
begrenzt wissen *kann*, welcher Horizont mein Verständnis von seiner Äußerung bestimmt. Allerdings fällt das in vielen Alltagssituationen gar nicht weiter auf, und zwar genau so lange, wie die Unterschiede unserer jeweiligen Horizonte nicht miteinander kollidieren;
man ›versteht‹ einander dann in einem ebenso unüberprüften wie
möglicherweise illusionären Konsens. Erst auftretende **Missver-
ständnisse** lassen erkennbar werden, dass die Beteiligten unterschiedliche Bedeutungskontexte herangezogen haben. Das ist einer
der Gründe, warum Kränkungen oft für alle Beteiligten *unerwartet*
auftreten.

Zwischenbemerkung 31: Ereignisse – und dazu sind auch sprachliche Mitteilungen zu rechnen – haben keine festgelegte Bedeutung. »Diese erhält ein Ereignis als Signal oder Zeichen dadurch, dass zwischen Sender und Empfänger Verabredungen ... über die Zuordnung von Zeichen und Bedeutungen bestehen. **Existieren solche Verabredungen nicht oder sind sie nicht verbindlich** (was in der menschlichen Kommunikation meist der Fall ist), so hängt die Bedeutung eines Ereignisses als Zeichen *ausschließlich vom Empfänger* ab, d. h. von den Bedingungen, die im Empfänger zu dem Zeitpunkt herrschen, an dem das Zeichen eintrifft« (Roth 2001, 362 – H. i. O.[38]). Deshalb war schon in Abschnitt 10 davon die Rede, dass eine Kommunikation ihre Wirkungen nicht festlegt.

Das macht Interaktionen zwischen Menschen teilweise unkontrollierbar. »Wenn ich einen Satz ausspreche, gibt es keine Möglichkeit, im Einzelnen die Prozesse vorherzusehen, die er beim Hörer hervorruft« (Winograd 1980, 218). Das Schöne daran sind die positiven Überraschungen, die sich daraus ergeben können: Wie langweilig wäre jede Kommunikation, wenn man immer schon vorhersehen könnte, wie die Gesprächspartnerin antworten wird! Aber andererseits kann es deshalb, wie im Straßenverkehr auch, zu ›Unfällen‹ kommen, weil das Verhalten des Anderen nicht eindeutig vorhersagbar ist. Daher ist grundsätzlich festzustellen:

Ein menschliches Wesen, das in Beziehung zu einem anderen steht, hat nur eine sehr begrenzte Kontrolle über das, was in dieser Beziehung passiert. Es ist Teil einer Zweipersoneneinheit, und die Kontrolle, die irgendein Teil über irgendein Ganzes haben kann, ist streng begrenzt. (Bateson 1985, 350)

---

38 An anderer Stelle formuliert es derselbe Autor fast noch pointierter: »Die Bedeutung von Signalen hängt überhaupt nicht von der Beschaffenheit der Signale ab, sondern von den Bedingungen, unter denen sie beim Empfänger aufgenommen werden. *Es ist der Empfänger, der Bedeutung konstituiert*« (Roth 1995, 93 f. – H. i. O.).

Dieser prinzipielle Mangel an Kontrolle über Interaktionen und Beziehungen kann durchaus nicht nur zu überraschenden, sondern auch zu *erschreckenden* Situationen führen, weil er nicht nur aktuelle Verständigungsprobleme mit sich bringen kann, sondern weil sich an dem Missverständnis zugleich zeigt, dass das bisherige Einverständnis nicht tragfähig war; es beruhte auf falschen Vorannahmen, wie sich jetzt erweist. Und die einseitige Schuldzuweisung, mit der manche Menschen gegen diese Realität anzukämpfen versuchen – z. B. nach dem Motto, »Wenn du mich wirklich lieben würdest, wüsstest du, dass …« –, enthält nicht nur eine schlechthin unerfüllbare Forderung, sondern trägt auch nichts zur Lösung des Problems bei.

Damit wirkt sich eine solche unliebsame Entdeckung – zumindest kurzfristig – in negativer Weise auf das Gefühl von Verbundenheit zwischen den Beteiligten aus. Denn Verbundenheit besteht – neben der emotionalen Resonanz, von der im vorangegangenen Abschnitt die Rede war – zu einem wichtigen Teil in »der *gemeinsamen* Regulation und Schaffung von … Bedeutungen, die Menschen der Welt und ihrem Platz darin zuschreiben« (Tronick 2007, 499 – H. d. V.).

Die Komplexität der Bedeutungshorizonte, ihre partielle Undurchsichtigkeit für mich selbst sowie ihre Unsichtbarkeit für die Andere, machen es ihr schwer bis unmöglich, mit Sicherheit vorherzusehen, wie ich ihr Verhalten auffassen werde. Nur die von Roth so genannten »Verabredungen« (vgl. die vorangegangene Zwischenbemerkung 31), also die Bereiche unserer Horizonte, die wir gemeinsam haben, weil wir z. B. dieselbe Sprache sprechen und in derselben Kultur aufgewachsen sind, sowie die mir selbst zugänglichen und bewussten Aspekte meines Horizonts, die ich ihr entweder mitgeteilt habe und an die sie sich noch erinnert (und die sich außerdem – hoffentlich! – seither nicht geändert haben) oder die sie auf irgendeinem Weg richtig erraten hat, erlauben ihr eine Prognose, die dann mit einer gewissen Wahrscheinlichkeit zutrifft.

Auch wenn es bedauerlich sein mag, kann man der Realität nicht entfliehen:»Der Sender von Signalen kann … nicht direkt die Bedeutungszuweisung im Empfänger und damit das intendierte Verstehen kontrollieren. Verstehen in diesem Sinne kann es deshalb nur dann geben, wenn es einen festen oder fest verabredeten semantischen Kontext gibt« (Roth 1995, 94). Daher sind Kränkungen meist Symptome für bedeutsame Unterschiede in den Horizonten der Beteiligten, die ihnen selbst bzw. dem jeweils Anderen zuvor nicht bekannt waren, sondern sich erst durch das Kränkungsgeschehen zeigen. Wenn man einander diese Unterschiede nicht nach der Art des Täter-Opfer-Musters zum Vorwurf macht, sondern ihr Deutlichwerden als Schritt in Richtung auf ein besseres Kennenlernen versteht, kann eine kränkende Interaktion zur Vergrößerung der Schnittmengen zwischen den individuellen Welttheorien beitragen und so die gemeinsame Verständigung befördern. Nebenbei könnten die Beteiligten die Gelegenheit nutzen, ihre jeweils eigenen Horizonte dadurch besser kennenzulernen, dass sie sie explizit und ihrem Gegenüber verständlich zu machen versuchen. Damit hätten die Beteiligten die Kränkung, so unangenehm sie erst einmal war, nachträglich sowohl für sich selbst als auch für ihre gemeinsame Beziehung einem guten Zweck zugeführt – ›Ende gut, alles gut.‹

Exkurs: Leider ist es mit dem Explizieren des eigenen Horizontes manchmal gar nicht so einfach, z. B. in Fällen, in denen das aktuelle Kränkungsgeschehen auf den Boden früherer Traumatisierungen fällt, die zwar einerseits einen entscheidenden Kontext für das aktuelle Erleben bilden, andererseits aber dem Bewusstsein der betroffenen Person großenteils unzugänglich sind. Solche Reaktivierungen unverarbeiteter Erfahrungen veranlassen die Person manchmal zum sogenannten »Agieren«.

Darunter wird in der klassischen Psychoanalyse eine Situation verstanden, in der ein Mensch sehr intensiv in problematische Gefühle[39] gerät und, von ihnen beherrscht, in ein Verhalten gegen-

---

39 Ich erinnere an die oben erwähnten ›Gefühlsstürme‹.

über Anderen verfällt, das in seinen aktuellen Kontakten zu neuen Problemen führt, weil er nicht bemerkt, dass die aktualisierten Gefühle ihren Ursprung weniger im aktuellen Kontakt als in den traumatischen früheren Erfahrungen haben, die das *appraisal* überwiegend bestimmen. Statt sich mit seinen Problemen direkt da auseinanderzusetzen, wo sie sich aktualisieren, nämlich im eigenen Erleben, trägt er sie in seine Beziehungen mit Anderen hinein.

Er überträgt die in seiner Biografie früher entstandenen Gefühle und Einstellungen auf die heutige Situation, ohne sich dessen bewusst zu werden; damit kann er natürlich den aktuellen Bezugspersonen (und auch sich selbst) in der heutigen Situation nicht gerecht werden und schafft so neue Probleme.»Die Narben früher traumatischer Erfahrungen verheilen nie ganz. Um alte Wunden zu schützen, sind wir alle zu irrationalen Abwehrhandlungen fähig, die unserer jetzigen Interessenlage nicht dienlich sind«(Kopp 1993, 49).

Auch hierin liegt eine gewisse Tragik, die sich aus mindestens zwei Aspekten ergibt: erstens daraus, dass der ›agierende‹ Mensch sich des Ursprungs und des Wiederholungscharakters seiner aktuellen Gefühle nicht bewusst ist und sie von daher auch nicht angemessen begreifen kann (vgl. Laplanche & Pontalis 1972, 46). Dann werden die aktuellen Bezugspersonen so erlebt, als seien sie genauso wie die damaligen, die in der traumatisierenden Erfahrung eine entscheidende Rolle spielten.

Die heutigen Bezugspersonen ihrerseits können das aktuelle Geschehen selbstverständlich auch kaum einordnen, was leicht dazu führt, dass sie – und darin liegt der zweite Aspekt der Tragik – in irgendeiner Weise negativ darauf reagieren und dadurch bei dem von seinem problematischen Erleben erfassten Menschen oft den Eindruck bestätigen, sie verhielten sich so ähnlich wie die früheren Bezugspersonen. Damit entsteht schnell ein Teufelskreis von problematischen Interaktionen, der von den Beteiligten kaum noch zu durchschauen und aufzulösen ist, zumal er von allen als schwer erträglich empfunden wird.

Für denjenigen, der seine aktualisierten Gefühle auf die beschriebene Weise zum Ausdruck bringt, wäre es natürlich ideal, wenn sein Gegenüber nicht nur gelassen bleiben, sondern darüber hinaus vielleicht auch noch verstehen könnte, welche Beziehungskonstellation aus der Vergangenheit hier *inszeniert* wird. Ich benutze absichtlich das Wort von der »Inszenierung« – allerdings nicht, um damit eine Dramatisierung zu unterstellen und diese dann negativ zu bewerten, sondern um auf die *Ebene der Interaktion* hinzuweisen, die hier relevant ist: Weil der, der ›agiert‹, ja gerade *nicht sprachlich* fassen kann, in welcher Lage er sich fühlt, ist er darauf angewiesen, sich auf andere Weise mitzuteilen. Und er tut das, indem er *in Szene setzt*, d. h. im aktuellen sozialen Handeln zum Ausdruck zu bringen versucht, was ihn bewegt. Eine Betroffene sagt: »Wenn man sich mit Worten nicht verstanden fühlt [bzw. sich nicht verständlich machen kann], dann muss man Taten sprechen lassen« (in Soliman 2011, 66).

Das ist natürlich wegen der fehlenden Bewusstheit keine geplante Aktion und auch für die Adressatinnen keineswegs leicht zu erkennen, denn sie können in der Regel weder wissen, was da eigentlich szenisch kommuniziert werden soll, noch ist es für sie offensichtlich, warum das auf diesem Weg geschieht. Dennoch wäre es dem ›Agierenden‹ zu wünschen, dass er bei denen, denen er sich mitteilen möchte, auf das trifft, was Lorenzer (1970, 108) »szenisches Verstehen« genannt hat.

Um unter den Bedingungen solcher Inszenierungen, während derer man selbst zum Teil der Szene gemacht wird, die notwendige Distanz zu bewahren und sich nicht persönlich betroffen zu fühlen, sondern Verständnis für die Inszenierung aufbringen zu können, braucht es sowohl ein beträchtliches Maß an Engagement und Sensibilität als auch die Fähigkeit, selbst unter solch schwierigen Umständen gerade das nicht persönlich zu nehmen, was aufgrund der Übertragung sehr persönlich zum Ausdruck gebracht wird. Das ist schon für erfahrene Therapeuten keine kleine Herausforderung (wenn sie sich nicht hinter ihrer Berufsrolle verstecken) und für therapeutisch unerfahrene Menschen im Alltag kaum zu leisten.

Deshalb nimmt die oben erwähnte Tragödie des kommunikativen Teufelskreises, wenn sie sich in Alltagssituationen entwickelt, oft ungebremst ihren Lauf und kann von den Beteiligten, wenn überhaupt, nur dann gestoppt werden, wenn sie – und sei es zunächst auch noch so undeutlich – spüren, dass hier etwas mit ihnen geschieht, das sie eigentlich gar nicht wollen und das nur zu einigen, wenigen Aspekten ihrer Psyche passt, während es mit vielen anderen kollidiert.

Dieses Gespür zu artikulieren und damit beim Gegenüber auf Verständnis zu stoßen, weil es ihm ähnlich geht, bietet eine Chance zum Innehalten und damit eine erste Gelegenheit zur Unterbrechung des Teufelskreises, der dann der Versuch des Explizierens folgen kann.

14 Bis hierhin

Von der Frustration von Achtungserwartungen, von Brüchen in der Verbundenheit und vom Misslingen der Verständigung

An dieser Stelle möchte ich das Wichtigste von dem kurz zusammenfassen, was ich in den letzten Abschnitten formuliert habe: Ich halte es für sinnvoll, Kränkungen als eine *gemeinsame kommunikative Handlung* von mindestens zwei Personen zu verstehen. Die Handlung der ersten Person, die im alltagspsychologischen Denken meist als die ›Täterin‹ betrachtet wird, kann nicht ohne Zutun der zweiten Person, die im alltagspsychologischen Denken meist als ›Opfer‹ gesehen wird, zur Kränkung werden. Insofern setzt das Zustandekommen einer als kränkend erlebten Kommunikation die ›Zusammenarbeit‹ beider Beteiligten voraus. Kränkung ist ein kollaborativer, wenn auch selten ein geplanter, Vorgang zwischen Menschen; darin liegt das tragische Element.

Ich habe versucht, das an drei Aspekten zu zeigen, die nach meiner Erfahrung bei Kränkungen entscheidend sind; sie alle stehen mit sogenannten »Grundbedürfnissen« in Zusammenhang:

- Eine *Frustration von Achtungserwartungen*, die das Selbstwertgefühl dessen beeinträchtigt, der sie an sein Gegenüber stellt;
- ein *Bruch in der Verbundenheit* zwischen den Beteiligten, der sich insbesondere aus empathischen Fehlabstimmungen ergibt; und
- ein *Misslingen von Verständigung* bzw. das Scheitern bei dem Versuch, eine befriedigend große Schnittmenge gemeinsamer Bedeutungen zu (er-)finden.

Alle drei Aspekte können je nach Situation in unterschiedlicher Gewichtung gleichzeitig eine Rolle spielen; es kann aber auch einer besonders dominant sein. Wie man den Einfluss der einzelnen Aspekte im konkreten Fall einschätzt, ist ohnehin eine Frage der Interpretation.

Interpretation ist überhaupt das zentrale Konzept in dem Verständnis von Kränkungen, das ich hier vorschlage. Denn, wie oben schon gesagt, Menschen sind keine Reiz-Reaktions-Automaten. Ein Reiz (Anlass) wird bereits in Abhängigkeit von den aktuell relevanten Kontexten und Motivationen wahrgenommen; und dann wird ihm eine bestimmte Bedeutung zugeschrieben. Das so entstehende Gefühl sowie die Handlung (Reaktion), die schließlich folgt, sind von den persönlichen Motivationen und Deutungen (*appraisals*) genauso abhängig wie von dem äußeren Anlass (vgl. *Diagramm 2*).

Im Zusammenhang mit dem ersten der drei oben genannten Aspekte wurde das daran deutlich, dass ohne die Erwartung oder den Anspruch, vom Anderen geachtet zu werden, und ohne die Interpretation, dass dies in der gegebenen Situation aus Sicht des Betroffenen nicht in angemessenem oder ausreichendem Maße erfolgt sei, keine Kränkung passiert. Man kann auch sagen, dass neben einer als Entwertung interpretierbaren Äußerung»das *Auffassen* einer Äußerung als Beleidigung konstitutiv dafür ist, dass es sich überhaupt um eine Beleidigung handelt« (Meier 2007, 2 – H. d. V.). Der zitierte Autor nennt das eine »interaktive Sinnkonstitution«.

Im Kontext des zweiten aufgeführten Aspekts hängen meine Eindrücke, vom Anderen verstanden zu werden und mit ihm verbunden zu sein, natürlich zunächst davon ab, ob der Andere eine emotionale Resonanz mit meinen Emotionen erlebt, aber auch davon, ob er die entsprechenden Anzeichen dafür zum Ausdruck bringt. Doch auch das genügt noch nicht, denn nun muss ich diese Anzeichen ja auch noch als solche erkennen und verstehen, d. h. wiederum interpretieren, damit sie für mich die gewünschte Wirkung entfalten können. Auch hier sind wieder beide beteiligt.

Man fühlt sich weiterhin unverstanden, unverbunden und dadurch möglicherweise gekränkt, wenn man dem eventuell vorhandenen Mitgefühl und Verständnis des Anderen nicht auch die entsprechende Bedeutung für sich gibt. Das emotionale Einschwingen des Anderen auf meine subjektive Situation kann nur in dem Maß dazu führen, dass ich mich mit ihm verbunden fühle, wie ich meinerseits mit seinem Einschwingen mitschwinge und sein Verstehen verstehe (vgl. Staemmler 2009, 65 ff.).»Ich fühle mich von dir nicht verstanden« kann daher in manchen Fällen (auch) bedeuten:»Ich verstehe dein Verständnis für mich nicht.«[40]

Was schließlich den dritten der erwähnten Aspekte betrifft, der eng mit dem zweiten zusammenhängt, so ist festzuhalten, dass jeder Mensch in einer gegebenen Situation über einen Horizont bzw. Bezugsrahmen verfügt, der zum Teil von kulturellen Einflüssen, zum Teil von individuellen Erfahrungen geprägt ist. Dieses persönliche Weltbild entscheidet mit über die Bedeutungen, die er den erlebten Situationen für sich gibt. Zugleich unterscheidet es sich immer in mehr oder minder ausgeprägter Weise von dem Horizont, der für den Anderen maßgebend dafür ist, wie dieser die aktuelle Situation versteht.

Manchmal überschneiden sich die beiden »individuellen Welttheorien« in einem so großen Maß, dass die gemeinsame Situation von beiden Beteiligten im (weitgehend) gleichen Sinn verstanden

---

40 An diese Beobachtung ließe sich eine längere Erörterung anschließen, die das Thema »Kränkungen« übersteigt, obwohl es dabei auch teilweise um die Opfer-Mentalität gehen würde. Denn die Behauptung, nicht verstanden zu werden, ist ein durchaus nicht seltener Manipulationsversuch, der dem angeblich verständnislosen Anderen ein schlechtes Gewissen suggerieren und ihn damit dazu bringen soll, den Verständnis Suchenden *genau so* zu verstehen, wie dieser sich selbst versteht. (Die implizite Botschaft lautet in solchen Fällen z.B.:»Wenn du mich nicht so verstehst, wie es mir passt, verstehst du mich gar nicht – und bist empathisch bzw. menschlich inkompetent.«) So braucht er sein Selbst-Verständnis, z.B. das als Opfer, nicht mehr zu hinterfragen. – Auch ein von Narzissmus bestimmtes Erleben, auf das ich später noch eingehen werde, kann Menschen dazu veranlassen, sich unverstanden und gekränkt zu fühlen, z.B. wenn die Art, wie Andere sie verstehen, ihnen nicht schmeichelhaft genug erscheint.

wird.[41] Manchmal klaffen sie aber auch so weit auseinander, dass die Verständigung (zumindest vorerst) misslingt, was sich in dem Erleben einer Kränkung niederschlagen kann. Das Misslingen liegt allerdings an der *Differenz* zwischen beiden Weltbildern, weder an dem einen noch an dem anderen an sich. Insofern ist auch das Misslingen ein kooperatives Geschehen und kann nur kooperativ überwunden werden.

---

41 Wie bei medizinischen Tests gibt es auch noch die Fälle »falsch positiver« Ergebnisse: Man meint, einander zu verstehen, aber nur weil die tatsächliche Diskrepanz zwischen den individuellen Welttheorien noch nicht aufgefallen ist.

15 Zweiter Wendepunkt

Von konkreten Menschen, von Schadensbegrenzung und von der Verhinderung von Leid

Nach meinen kritischen Überlegungen zu der in unserer Kultur verbreiteten Art, Kränkungen zu verstehen und mit ihnen umzugehen (vgl. Abschnitte 5 bis 8), habe ich im Vorangegangenen versucht, andere Möglichkeiten aufzuzeigen, die das Zustandekommen von Kränkungen verständlich machen und aus meiner Sicht günstigere Voraussetzungen dafür schaffen, sie zu verarbeiten (vgl. Abschnitte 10 bis 13). Welche praktischen Konsequenzen man aus alldem für sein eigenes Leben ziehen kann, möchte ich in den nun folgenden Abschnitten erläutern.

Dabei treffe ich zwei Unterscheidungen, nach denen ich meinen weiteren Text gliedere. Die erste Unterscheidung betrifft die an den Kränkungsereignissen beteiligten *Personen*. Hier war bisher einerseits von der gekränkten Person die Rede und andererseits von derjenigen, die die Kränkung hervorgerufen oder ausgelöst hat. Da es im Folgenden u. a. darum geht, wie man Kränkungen verhindern kann, macht es keinen Sinn mehr, durchgängig von einer »gekränkten« Person zu sprechen. Genauso wenig sinnvoll ist es, im Folgenden generell von einer anderen Person zu sprechen, die eine Kränkung »ausgelöst« hat, denn vielleicht – und hoffentlich! – hat ja das Verhalten dieser Person gar nicht mehr diese Wirkung.

Ich möchte deswegen im weiteren Text die Personen, an deren Beispiel ich meine Gedanken veranschauliche, nicht mehr auf eine bestimmte Rolle festlegen. Außerdem möchte ich meine Formulierungen der leichteren Verständlichkeit wegen möglichst einfach halten. Daher empfiehlt es sich, einfach von zwei Menschen zu sprechen, die konkrete Namen haben. Ich wähle »Lisa« und »Michael«.

Die zweite Unterscheidung betrifft die *Fragestellungen*, die ich diskutieren möchte. Die erste Fragestellung betrifft die *aktuelle* Situation, nämlich diejenige, in der zwischen Lisa und Michael bereits etwas vorgefallen ist, das bei einem von beiden eine Kränkung hervorgerufen hat. Hier ist das sprichwörtliche Kind also bereits in den Brunnen gefallen, und es geht um die Frage, was nun getan werden kann, um den Schaden für die beiden und ihre Beziehung möglichst gering zu halten. In Abschnitt 16 geht es also um die jeweils möglichen Beiträge der beiden Beteiligten zu *Sofortmaßnahmen*, die zur Minderung von bereits eingetretenem Leid beitragen können (vgl. Fairfield 2004).

Die zweite Fragestellung, die ich im darauffolgenden Abschnitt 17 diskutiere, ist anders; sie ist längerfristig und besteht darin, was die Beteiligten *präventiv* tun können. Es geht hier also um die mögliche *Verhinderung* von Leid. Das betrifft erstens die *Fürsorge für den Anderen*, d. h. die Frage, was man tun bzw. lassen kann, um dem Anderen möglichst selten Anlässe für Kränkungen zu bieten. Und zweitens geht es um den Aspekt der *Selbstfürsorge*, d. h. die Frage, wie Menschen an ihrer Kränkbarkeit etwas ändern können mit dem Ziel, dass sie in Zukunft seltener eine Kränkung erleben und dass diese, wenn sie schon passiert, nicht so heftig ausfällt.

16 Sofortmaßnahmen: Minderung von Leid

Wer aus dem in unserer Kultur so verbreiteten und tief verwurzelten Täter-Opfer-Schema aussteigen will, kann weder in der Täterrolle alle Schuld auf sich nehmen (bzw. defensiv abstreiten) noch in der Opferrolle jede Urheberschaft für die Kränkung von sich weisen (bzw. sich autoaggressiv vorwerfen). »Die eigene Verantwortung anzuerkennen und die Notwendigkeit, damit aufzuhören, Anderen Vorwürfe zu machen, sind die ersten Schritte in Richtung auf eine Veränderung der Opfer-Kultur« (Sykes 1992, 253).

Wie das konkret aussehen könnte, möchte ich im Folgenden deutlich machen, indem ich der Anschaulichkeit halber eine mögliche alternative Interaktion Schritt für Schritt beschreibe. Das ist natürlich *nicht* als eine *Vorschrift* gedacht, wie Sie mit Ihrem Gegenüber reden *sollten*, sondern ist als eine Reihe von Anregungen gemeint, die zeigen soll, an welchen Stellen in Ihrem Gesprächsverlauf Sie Ihrem Dialog eine positive Richtung geben *können*, wenn Sie einander nicht in den Rollen von Opfer und Täter begegnen wollen. Dabei brauchen Sie, liebe Leserinnen und Leser, keineswegs *jede* dieser Anregungen aufzugreifen. Wenn Sie auch nur die eine oder andere der vorgeschlagenen Alternativen nutzen, erleichtern Sie sich und Ihrem Gegenüber schon den Umgang mit einer Kränkung.

16.1 Die Beiträge des Einen

Von Verantwortung, der Unterbrechung von Automatismen, von
engagiertem Akzeptieren und von sanfter Berührung

Nehmen wir also an, Lisa hat gerade etwas gesagt, was Michael als
Kränkung erlebt hat. Es fühlt sich für ihn, metaphorisch gesprochen, so ähnlich an wie ein Stich, der ihn plötzlich und unvorbereitet trifft. Wie schon gesagt: Die für ihn am nächsten liegenden, fast
reflexartigen automatisierten Reaktionsmöglichkeiten wären entweder, sich erschrocken von Lisa zurückzuziehen, zu verstummen
(Rückzug) oder sauer zu werden, ihr ein Schimpfwort an den Kopf
zu werfen bzw. eine Antwort zu geben, von der er annehmen kann,
dass Lisa sich dadurch ihrerseits beleidigt fühlt (Angriff). In der
Mehrzahl der Fälle führen diese beiden Handlungsmöglichkeiten
nicht zu einer Besserung der Situation, sondern eher zu einer Eskalation des Leidens der Beteiligten, denn sie spielen sich im Rahmen
des unfruchtbaren Täter-Opfer-Schemas ab. Sie tragen weder zur
Verbundenheit noch zur Verständigung bei.

Wenn Michael aber aufmerksam für *sich* ist und ein gewisses Maß
an Bewusstheit von *seinen* psychischen Prozessen entwickelt, kann
er bemerken, dass er einen Einfluss darauf hat, welche der beiden
Reaktionsmöglichkeiten er aktiviert. Das ist der Moment, der in *Diagramm 2* »Umsetzen in Handlung« heißt. In diesem kurzen Moment
der Wahlmöglichkeit liegt die Chance, aus dem Entweder-oder der
stereotypen Reaktionen auszusteigen: Denn wenn er die Chance
hat, zwischen den beiden Alternativen Rückzug und Angriff zu
wählen, ist es ihm prinzipiell auch möglich, sich für eine dritte Alternative zu entscheiden. Bärbel Wardetzki bringt das schön auf den
Punkt: »Wer sich in der Kränkung dafür entscheidet, sich vom anderen abzuwenden und ihn zu verachten, hat ebenso die Wahl, im
Kontakt zu bleiben und den anderen zu achten. Auf diesen Wahl-
möglichkeiten beruht ... der Ausweg aus Kränkungen« (2000, 104).

Falls sich Michael in diesem ersten Moment anders als üblich verhalten will, muss er folglich zuerst den **Automatismus unterbrechen**, der ihn zur Aktivierung der unfruchtbaren Alternativen verleitet. Die Gelegenheit dazu liegt in jenem Augenblick, den Michael benötigt, um zu entscheiden, wie er auf die erlebte Kränkung reagieren möchte. Aber er braucht außerdem noch eine Idee von einer *dritten* Möglichkeit – jenseits von passivem Rückzug und aktivem Angriff. Diese dritte Alternative liegt weder in Aktivität noch in Passivität, sondern in einem »mittleren Modus« (Perls, Hefferline & Goodman 2006, 215 ff.), der Aktivität und Passivität miteinander verbindet und ihnen zusätzlich einen neuen Bezugspunkt gibt.

> **Zwischenbemerkung 32:**»Emotionen [können] uns überraschen und ungebeten in unser Bewusstsein treten. Die Frage ist nun, ob wir an den ursprünglichen Bewertungen, von denen sie ausgelöst werden, etwas ändern können, um den Emotionen etwas von dem Automatismus zu nehmen. **Der Abstand zwischen dem Impuls, ihnen zu gehorchen, und unserer tatsächlichen Reaktion würde größer**, und wir hätten dadurch eine größere Chance für eine wohlüberlegte Reaktion.« (Goleman 2003, 218)

Der Bezugspunkt der gewohnten, automatisierten Aktivität ist die vermeintliche Angreiferin, Lisa, und der Kampf *gegen* sie; der Bezugspunkt der üblichen Passivität wäre ebenso Lisa als die Auslöserin der Kränkung, nun allerdings der Rückzug *von* ihr, d. h. die Vermeidung von Kontakt. Beide Optionen stehen in Bezug zu Lisa – einmal aggressiv gegen sie, das andere Mal passiv von ihr weg. Wenn die Kränkung aber wesentlich durch die psychischen Prozesse des Gekränkten mitbestimmt ist, wie wir oben gesehen haben, wäre die angemessene, neue Richtung die Hinwendung Michaels *zu seinem eigenen Erleben*, und darin läge auch die Verknüpfung von Aktivität mit Passivität. Denn dem leidvollen Erleben seiner

Kränkung fühlt er sich einerseits zwar passiv ausgesetzt, aber mit seiner aufmerksamen Zuwendung zu diesem Leid kann er andererseits zugleich aktiv werden.

Ganz konkret heißt das: Michael kann sich entscheiden, sich erst einmal Zeit für seine unmittelbaren Empfindungen zu nehmen und sich *für sich selbst* zu *engagieren*. Es gibt in aller Regel keinen Zeitdruck, aus dem heraus er sofort etwas in seiner Umgebung unternehmen müsste; Schnelligkeit ist in solchen Situationen mit größter Wahrscheinlichkeit keine Notwendigkeit (d. h. nichts, was die *Not wendet*), sondern eher ein Indiz dafür, dass ein Automatismus greift. Michael kann sich die Zeit nehmen, tief durchzuatmen und sich mit freundlicher Aufmerksamkeit seinem Leid zuzuwenden; denn »das Leiden an der Kränkung anzuerkennen, beendet das Grübeln [engl.: *ruminating* – vgl. Abschnitt 4], das das Schlimmste ist, was man tun kann. Es erlaubt der Kränkung, jedes Maß zu verlieren« (Keis, zitiert nach Taylor 2012).

Falls Michael es für sinnvoll oder nötig hält, kann er erläuternd zu Lisa sagen, dass er ein paar Minuten Ruhe für sich selbst braucht und sie das nicht als Distanzierung von ihr verstehen möge. Mit einer solchen Mitteilung kann er auch sich selbst dabei unterstützen, die Verbindung mit ihr in diesen Minuten der Selbstbesinnung aufrechtzuerhalten und die Hinwendung zu seinen Gefühlen nicht im Sinne einer Abwendung von ihr zu vollziehen. Es geht hier um eine wichtige Unterscheidung: Freundliche Aufmerksamkeit für die eigenen Gefühle folgt einer anderen, nämlich *positiven* Motivation (»Ich will etwas«). Die mögliche Vermeidung von Kontakt mit Lisa hieße, einer *negativen* Motivation nachzugehen (»Ich will etwas *nicht*«).

Diese Besinnung auf sich selbst fällt ihm vielleicht nicht ganz leicht, denn es erfordert eine gewisse Selbstdisziplin, dem Sog des Automatismus und der Verführung in die bittersüße Selbstgerechtigkeit der Opfer-Rolle zu widerstehen. Aber Michael würde viel gewinnen: Statt einer Zeit des Angriffs auf Lisa bzw. einer Zeit des

Rückzugs von ihr, statt einer Zeit des **Selbstmitleids** oder des selbstquälerischen Jammerns und Grübelns würde er eine Zeit des **Selbstmitgefühls** erleben; es wäre eine Zeit des *freundlich-engagierten Akzeptierens* der Tatsache, dass er sich gekränkt fühlt. Es wären ein paar Minuten, in denen er sich selbst und seinen Gefühlen wohlwollende Aufmerksamkeit schenkt und sich auf diese Weise jene Achtung zollt, die er in Lisas vorangegangener Äußerung vermisst hat.[42]

> **Zwischenbemerkung 33:** »Wenn wir uns unserer verbindenden Humanität bewusst sind, erinnern wir uns daran, dass Gefühle der Unzulänglichkeit und Enttäuschung allen gemeinsam sind. Das unterscheidet Selbstmitgefühl von Selbstmitleid. **Während das Selbstmitleid ›Ich Arme(r)‹ sagt, weiß das Selbstmitgefühl, dass *jeder* leidet**, und es gewährt Trost, weil *jeder* menschlich ist.« (Neff 2012, 86 – H. d. V.)
>
> Neff gibt eine konkrete Anleitung, die in der oben beschriebenen Situation auch für Michael nützlich wäre:
>
> »1. Setzen Sie sich an einem ruhigen Ort bequem hin. Die erste Aufgabe besteht darin, sich einen sicheren Platz vorzustellen, der imaginär oder real sein kann – irgendeinen Platz, an dem Sie sich gelassen, ruhig und entspannt fühlen: ein weißer Sandstrand, eine Waldlichtung, in deren Nähe Wild grast, Großmutters Küche oder ein Zimmer mit Knistern im Kaminfeuer. Versuchen Sie, sich diesen Platz genau vorzustellen. Welche Farben hat er? Wie hell ist es dort? Welche Geräusche oder Gerüche gibt es? Wenn Sie sich auf Ihrem Weg zum Selbstmitgefühl jemals ängstlich oder unsicher fühlen, können Sie sich dieses Bild Ihres sicheren Platzes ins Gedächtnis rufen, um sich mit seiner Hilfe zu beruhigen und zu trösten.

---

42 Selbstmitgefühl zu aktivieren, ist in *jedem* Fall eine wichtige Form der Selbstunterstützung, auch und gerade dann, wenn der Andere nicht bereit ist, sich mit dem Geschehenen auseinanderzusetzen.

2. Die nächste Aufgabe besteht darin, das Bild einer idealen fürsorglichen und mitfühlenden Person zu schaffen: jemand, der Klugheit, Stärke, Wärme und vorurteilsfreie Akzeptanz verkörpert. Das kann eine bekannte religiöse Gestalt wie Christus oder Buddha sein, aber auch ein Mensch, den man als besonders mitfühlend erlebt hat, wie eine Lieblingstante oder ein Lehrer. Genauso gut denkbar ist ein geliebtes Haustier, ein Fantasiewesen oder sogar ein abstraktes Bild für ein weißes Licht. Versuchen Sie, sich das Bild so lebendig wie möglich unter Beteiligung möglichst vieler Sinne vorzustellen.

3. Wenn Sie gerade jetzt in irgendeiner Weise leiden, denken Sie an die klugen, fürsorglichen Worte, die Ihnen diese idealisierte Quelle des Mitgefühls zum Trost sagen würde. Wie klänge ihre Stimme? Welche Gefühle offenbarte ihr Tonfall? Wenn Sie sich im Moment etwas betäubt oder verschlossen fühlen, wärmen Sie sich einfach an der mitfühlenden Gegenwart Ihres Idealbilds und erlauben Sie sich, da zu sein.

4. ... Machen Sie sich bewusst, dass Sie dieses Bild als Quelle nutzen können, wann immer Sie Mitgefühl für sich selbst erzeugen und sich selbst Freundlichkeit schenken wollen.« (Neff 2012, 170 f.)

Das Buch von Kristin Neff, aus dem ich hier zitiere, kann ich allen empfehlen, die ihr Selbstmitgefühl entwickeln wollen. Das Gleiche gilt für das Buch von Gilbert und Choden, die mit Recht betonen: »Wenn wir uns dafür entscheiden, das mitfühlende Selbst zu kultivieren, müssen wir *aktiv etwas dafür tun*, um ein solcher Mensch zu werden« (2014, 334 – H. d. V.). Beide Bücher enthalten viele praktische Hinweise und Übungen zur Kultivierung von Mitgefühl für Andere und vom Selbstmitgefühl. – Für Therapeutinnen, die ihre Klienten bei der Entwicklung von Selbstmitgefühl unterstützen wollen, empfehle ich Kapitel 7.6 aus meinem Buch über *Das dialogische Selbst*. (Staemmler 2015, 346 ff.)

Auf Lisas als kränkend erlebte Äußerung nicht gleich zu antworten, heißt für Michael auch, vorerst nichts zurechtrücken zu können, worin er sich nicht verstanden bzw. nicht ›richtig‹ gesehen gefühlt hat. Er muss es einstweilen ›auf sich sitzen lassen‹, wie es umgangssprachlich heißt, also die Spannung ertragen, die es für ihn bedeutet, sich von Lisa, die ihm wichtig ist, für einige Zeit in einem Licht gesehen zu fühlen, das ihm nicht gefällt. Das kann allerlei Ängste bei ihm aktivieren, die gleichfalls sein Selbstmitgefühl verdienen: Wird sich ihr Bild von ihm negativ verändern, wenn sie ihn so sieht? Kann er sich auf Nähe mit ihr einlassen, wenn er sich ›falsch‹ oder ›ungerecht‹ gesehen fühlt? Hält ihre Beziehung die Spannung aus, die im Moment für beide so unangenehm spürbar ist?

Aber es hat wenig Sinn, einen Klärungsversuch zu beginnen, solange die Erfolgschancen gering sind. Zuerst gilt es, den Verzicht auf die entweder zurückgezogene oder aggressive Distanzierung von Lisa so lange aufrechtzuerhalten, bis die Neigung zum automatisierten Reagieren nachlässt. Während dieser Zeit kann Michael sich – neben der in der letzten Zwischenbemerkung erwähnten Aktivierung von Selbstmitgefühl – auf zweierlei Weisen unterstützen, die beide mit seiner Körperlichkeit zu tun haben: Erstens kann er sich Trost und Halt geben, indem er sich selbst körperlich berührt und streichelt:

Eine einfache Möglichkeit, sich zu beruhigen und zu trösten, wenn man sich schlecht fühlt, besteht darin, sich selbst sanft in den Arm zu nehmen. Das mag Ihnen zunächst etwas albern vorkommen, aber Ihr Körper ... reagiert einfach auf die Geste der Wärme und Zuwendung, so wie ein Baby darauf reagiert, wenn die Mutter es im Arm hält. Unsere Haut ist ein unglaublich sensibles Organ. Forschungsergebnisse zeigen, dass körperliche Berührung Oxytocin freisetzt, ein Gefühl der Sicherheit gibt, emotionale Belastungen mildert und das gestresste Herz-Kreislauf-System beruhigt. (Neff 2012, 70)

In dieser Zeit erhält auch Lisa die Chance, innezuhalten und zu bemerken, dass zwischen ihr und Michael gerade etwas vorgefallen ist, das sorgsame Beachtung braucht. So gesehen handelt es sich nicht nur um eine Zeit der Selbstunterstützung von Michael für sich selbst, sondern auch um eine Zeit der gemeinsamen Besinnung auf das soeben Geschehene. Dieses *gemeinsame* Innehalten kann als ein erster Schritt in die Richtung wirken, die Verbindung zwischen beiden, die gerade einen Knacks bekommen hat, wiederherzustellen. Denn im Unterschied zu der Wirkung, die Rückzug oder Angriff meist hervorruft, wird im achtsamen Innehalten die bereits eingetretene Störung der Verbundenheit nicht noch zusätzlich verstärkt; es stellt zumindest eine gemeinsame Aktivität dar. Diese wirkt jener Tragik des Täter-Opfer-Schemas entgegen, die sich aus den üblichen Bewältigungsstrategien ergibt und oft dazu führt, dass weitere Distanz zwischen den Beteiligten und damit neue Probleme geschaffen werden, anstatt die ursprünglichen zu lösen.

Man kann auch allgemein sagen: Alles, was jetzt das Gefühl der Verbundenheit zwischen beiden aktualisiert und verstärkt, ist hilfreich!

Dazu dient die zweite körperliche Möglichkeit; mit ihr kann Michael, wenn er möchte, nicht nur sich selbst, sondern zugleich seine Verbindung mit Lisa unterstützen. Damit geht dieser zweite Schritt über das hinaus, was ich oben über die tröstende Wirkung gesagt hatte, die Michael sich dadurch geben kann, dass er sich selbst berührt, schließt diese aber gewissermaßen ein: Michael kann Lisa bei der Hand nehmen oder sie sogar bitten, ihren Arm um ihn zu legen. Vielleicht fällt ihm die Bitte nicht ganz leicht, aber die zu erwartende Wirkung ist es wert, eventuelle Hemmungen zu überwinden.

Denn das Aufnehmen von sanftem Körperkontakt hat nicht nur die tröstende und wohltuende Wirkung der oben erwähnten Selbstberührung, die schon zu einer Beruhigung des durch die Kränkung aktivierten Bedrohungsgefühls führt, sondern stärkt in der Regel zusätzlich das Gefühl der Verbundenheit – selbstverständlich unter der Voraussetzung, es passt in den allgemeinen Beziehungskontext und wird von der Anderen nicht als übergriffig empfunden.[43] Dazu ist es natürlich immer sinnvoll, im Zweifel zuerst um Erlaubnis zu bitten, bevor man die Andere berührt. Ist sie einverstanden, kann man in der Regel damit rechnen,»dass **liebevoller Körperkontakt** zu einer geringeren Reaktivität auf belastende Lebensereignisse beiträgt« (Gallace & Spence 2010, 251).

> **Zwischenbemerkung 34:** *Sanfter* Körperkontakt hat mehrfache positive Wirkungen. Die zwei wichtigsten sind erstens, dass er Verbindungen schafft: Während man jemanden sehen oder hören kann, ohne selbst von ihm gesehen bzw. gehört zu werden, ist Berührung immer gegenseitig:»**Im Akt des Berührens wird man selbst berührt. ... Zu berühren und berührt zu werden heißt auch, ... jemandem nah zu sein.**« (Mazis 1998, 47)

Unter diesen Voraussetzungen stellt das Initiieren von Körperkontakt oder das Bitten um Berührung eine Aktivität dar, die auch insofern positiv auf Michael zurückwirkt, als er sich darin souverän fühlt und auf diese Weise der erlebten Entwertung eine Selbstaufwertung entgegensetzen kann, die nicht auf Kosten von Lisa geht. Zugleich bringt Michael mit dieser Aktivität zum Ausdruck, dass er seine Gemeinsamkeit mit Lisa aufrechterhalten möchte. Stimmt sie zu, was aus ihrer Perspektive wahrscheinlich leichter ist, als es für ihn war, seine Bitte um Berührung auszusprechen, bestätigt sie

---

43 Zwischen Kollegen oder zwischen Vorgesetzen und Mitarbeiterinnen ist das Aufnehmen von Körperkontakt in vielen Fällen eher deplatziert. Man kann aber ähnliche Wirkungen hervorrufen, wenn man sich (1) im angemessenen Abstand (in Deutschland ca. 40–50 Zentimeter), (2) auf derselben Höhe und (3) im Winkel von ca. 45 Grad neben die Andere setzt und sie unaufdringlich ansieht. Diese Möglichkeit bietet sich auch in nahen privaten Beziehungen an, wenn direkter Körperkontakt aus irgendwelchen Gründen nicht passend erscheint.

seine Initiative. So schaffen beide eine günstige Voraussetzung für die weitere Beschäftigung mit ihrer heiklen Situation.

Durch eine einvernehmliche zarte Berührung können beide ihre Gemeinsamkeit sofort körperlich spürbar werden lassen, wodurch sie auf der Beziehungsebene ihr Gefühl der *Verbundenheit* unmittelbar wiederbeleben, während sie parallel dazu auf der individuellen Ebene zu einer *Beruhigung* ihres Erregungszustands beitragen.[44] Das tut nicht nur Michael gut, dem die Kränkung unvermittelt einen Schreck versetzt hat, sondern auch Lisa, die überrascht, erschrocken und betroffen davon ist, was sie bei Michael ausgelöst hat. Für beide gilt:

Als Menschen sind wir dankbar für jede gute Berührung, für die Hand, die uns zum Gruß gereicht wird und aufnimmt, vor allem dann, wenn wir uns ausgeschlossen und unsicher fühlen. Berührung ist Ausdruck gegenseitiger Liebe und Verbundenheit. In der Berührung strömt Leben hin und her. Je mehr wir vom Leben abgesondert sind, um so mehr sehnen wir uns nach Berührung, und um so mehr empfinden wir sie als belebend und erlösend, zum Beispiel in Not, Krankheit, Schuld und Einsamkeit. In jeder guten Berührung spüren wir: Es ist jemand da für dich, es hat jemand Interesse an dir, du bist nicht allein und verloren oder ausgestoßen. (Niggl 1986, 109 f.)

---

44 Dies trifft auf manche Menschen allerdings nicht zu, die zuvor Ziele körperlichen Machtmissbrauchs durch Vertrauenspersonen waren.

16.2 Die Beiträge der Anderen

Von Schuldgefühlen und Betroffenheit, von Bedauern und Mitgefühl
und von Beschwichtigung und Trost

Lisa kann ihrerseits in dieser Situation auch ein paar Minuten Ruhe gut gebrauchen, um ihren Gefühlen nachzuspüren. Das hilft ihr, nicht in das Täter-Opfer-Klischee einzusteigen, das ihr Schuldgefühle suggeriert und sie in Gefahr bringt, eine oder mehrere Abwehrstrategien zu mobilisieren. Die üblichsten Strategien sind, (1) sich zu rechtfertigen (z. B. »Ich habe das doch gar nicht so gemeint!«), (2) sich auf offensive Weise gegen die vermeintliche Schuld zu wehren, indem sie Michaels Kränkung als irgendwie unberechtigt hinstellt (z. B. »Jetzt hab dich doch nicht so!« oder »Sei doch nicht gleich beleidigt!«)[45] oder (3) die Verweigerung jeden Gesprächs. Alle Abwehrstrategien führen meistens – besonders in den ersten Momenten nach einer Kränkung – dazu, die Distanz zwischen den Beteiligten zu vergrößern und so die Wiederherstellung von Verbundenheit eher zu behindern oder zu verzögern; die offensive Strategie wirkt fast immer negativ, denn sie ist sehr leicht als erneute Kränkung (= Entwertung von Michaels Kränkungsgefühl bzw. Verständnislosigkeit) zu deuten.

Die Zeit des Innehaltens gibt Lisa Gelegenheit, die dem kulturellen Muster entsprechenden **Schuldgefühle** von jener persönlichen *Betroffenheit* zu unterscheiden, die sich einstellt, wenn man bemerkt, dass man mit seinem Handeln eine unbeabsichtigte negative Wirkung hervorgerufen hat.

---

45 Die offensive Strategie baut auch auf dem falschen Ursache-Wirkungs-Denken auf; ihre unausgesprochene Logik beruht auf einem Umkehrschluss, der ungefähr so funktioniert: Wenn man die Wirkung bestreitet und aus der Welt schafft, etwa indem man sie dem Leidtragenden auszureden versucht, kann es auch keine Ursache gegeben haben, für die man sich schuldig fühlen müsste.

Zwischenbemerkung 35: Dryden und Gordon sprechen mit den folgenden Sätzen alle Menschen an, die bei einer anderen Person eine Kränkung ausgelöst haben und sich dafür schuldig fühlen: »**Schließlich ist da noch Ihre Annahme, ein schlechter Mensch zu sein, weil Sie sie gekränkt haben.** Sie folgern, dass Sie sie verletzt haben, und verdammen sich dafür. Doch … nehmen Sie nur an, dass Ihre Kritik sie gekränkt hat. Und selbst wenn Sie sie tatsächlich auf irgendeine Weise gekränkt haben, sind Sie deshalb ein schlechter Mensch? Macht eine schlechte Tat Sie zu einer schlechten Person?«
(2002, 103)

Diese Betroffenheit hat mit dem tragischen Umstand zu tun, den eingetretenen Effekt nicht vorhergesehen zu haben, man nun aber, wenn man mit ihm konfrontiert wird, überrascht feststellen muss, wie begrenzt die eigene Kontrolle über die gemeinsame Situation selbst dann ist, wenn man es mit einem guten Bekannten oder sogar einer vertrauten, geliebten Person zu tun hat – so begrenzt, dass etwas für Michael Leidvolles geschehen konnte, das Lisa keineswegs mit Vorsatz hätte hervorrufen wollen.

Auch Lisa braucht ein paar Minuten Zeit, um sich aus der Verwirrung zu lösen, die einerseits durch die kulturell suggerierte Schuldthematik und andererseits durch ihr intuitives Gespür, nicht die Verursacherin von Michaels Kränkung zu sein, bewirkt wird. Das ist nicht ganz leicht, weil die verschiedenen möglichen Empfindungen so nah beieinander liegen. Aber mit etwas Ruhe kann es ihr gelingen, sich als Urheberin ihres Verhaltens zwar dafür *verantwortlich* zu fühlen, was sie getan hat, aber ohne sich zugleich dafür *schuldig* zu fühlen, wie Michael ihr Verhalten interpretiert hat.

Damit wird sie frei für andere Gefühle: Die schon erwähnte *Betroffenheit* zählt dazu; vielleicht ist sie verbunden mit einem *Bedauern* darüber, dass die Kommunikation so missglückt ist. Dieses Bedauern wird oft erst spürbar, wenn es nicht durch Schuldgefühle überlagert bzw. mit ihnen in einen Topf geworfen und dann gemeinsam mit ihnen abgewehrt wird; denn natürlich bedauert Lisa, was vorgefallen ist, gerade weil sie es ja nicht gewollt hat, aber sie möchte aus demselben Grund weder vor sich selbst noch vor Michael als Schuldige dastehen.

Vielleicht empfindet sie auch ein **Mitgefühl** mit Michael und seinem Gekränktsein, denn Lisa weiß aus eigener Erfahrung, wie heftig sich eine solche Kränkung anfühlen kann.

> **Zwischenbemerkung 36:** »Zum Mitgefühl gehört ..., dass wir Leid erkennen und wahrnehmen. **Zum Mitgefühl gehören freundliche Gefühle für Menschen, die leiden,** sodass der Wunsch entsteht, ihnen zu helfen – ihr Leid zu lindern. Und schließlich gehört zum Mitgefühl die Erkenntnis, dass wir alle ›nur Menschen‹ sind, also Fehler und Schwächen haben.« (Neff 2012, 22 f.)

Mit ihrer mitfühlenden Zuwendung zu Michael steigt sie ganz aus der selbstbezogenen Beschäftigung mit ihren Schuldgefühlen und den daher motivierten Rechtfertigungsversuchen aus, wird für ihn emotional erreichbar und bietet ihm aktiv den Kontakt an, den er als Unterstützung jetzt gut gebrauchen kann, z. B. eine zärtliche Berührung.

Wenn beide zusätzlich den schon erwähnten Körperkontakt aufnehmen können, spenden sie sich gegenseitig Trost und tun etwas für ihr Gefühl von Verbundenheit; damit schaffen sie eine günstige Voraussetzung für die Gespräche, die später folgen müssen. Lisa kann außerdem etwas zur Linderung von Michaels Not beitragen, wenn sie ihm mit ihrem Gesichtsausdruck oder auch mit wortlosen Tönen (z. B. einem freundlichen »hmm«) signalisiert, dass sie wertschätzend auf ihn bezogen bleibt und sein Leiden bei ihr auf Resonanz und Anteilnahme trifft.

Solche Tröstungsbemühungen sind allerdings nur dann wirklich hilfreich, wenn in ihnen Lisas Zuwendung zu Michael deutlich zum Ausdruck kommt, sodass er spüren kann, dass es ihr um *ihn* geht. Dann verbinden sich in der Tröstung der Ausdruck von Achtung und Wertschätzung mit der Mitteilung von Zugewandtheit und Zuneigung. Das Erste wirkt Michaels erlebter Enttäuschung seiner Achtungserwartung entgegen, das Zweite der Störung in der Verbundenheit zwischen beiden und der Verzweiflung über das Misslingen der Verständigung. Wenn Lisa aber versuchen würde, Michael auf eine Art zu trösten, die von ihm als hastiger Beschwichtigungsversuch erlebt wird und ihm den Eindruck vermittelt, sie wollte seine aktuellen qualvollen Gefühle übergehen oder *sich selbst* möglichst schnell von der Konfrontation mit seinem Leid befreien (etwa, um ihre Schuldgefühle zu reduzieren), dürfte das in der Regel eher negativ auf ihn wirken. Mitgefühl schließt die Bereitschaft ein, die Not des Anderen nah an sich heranzulassen.

Doch auch daran, wie Lisas Tröstung auf ihn wirkt, ist Michael mit seinen Interpretationen mitbeteiligt. Lisas Trost kann auf ihn nur in dem Maße wohltuend wirken, wie er sich dafür öffnet und sich von ihrem Mitgefühl berühren lässt. Wenn er sich beleidigt in den Schmollwinkel zurückzieht oder Lisas Bemühungen gar entwertet (»Das machst du ja nur [!], weil …«), zementiert er sein Kränkungsgefühl ebenso wie die Kluft zwischen ihm und ihr. Gelingt es ihm aber, die Opfer-Rolle abzulegen und ihre Zuwendung anzunehmen, könnte er noch einen weiteren Schritt in die richtige Richtung tun und ihre Bemühungen ausdrücklich anerkennen, eventuell mit einem schlichten Dank für die Berührung oder mit der Mitteilung, dass es ihm guttut, von ihr gestreichelt zu werden und ihre Zuwendung zu spüren.

Auf diese Weise kann zwischen den beiden ein positiver Zirkel in Gang kommen, in dessen Verlauf sie sich einander wieder annähern. Dies kann Michael auf zweierlei Weise nutzen: Er kann sich mit Lisa wieder wohlfühlen und sich von daher entscheiden, die ganze Angelegenheit auf sich beruhen zu lassen. Oder er kann daraus die Kraft schöpfen, sich mit der Frage zu konfrontieren, was die persönlichen Hintergründe für seine Neigung zum Gekränktsein sind. Damit würde er einen weiteren Schritt aus der Opferrolle heraus machen und versuchen, zukünftigen Kränkungen vorzubeugen (vgl. Abschnitt 17.2):

Wenn wir uns unterstützt und verstanden fühlen, hilft uns das tatsächlich, mutiger zu werden. Das ist wichtig, weil *Mitgefühl uns den Mut gibt, uns mit den Dingen zu konfrontieren, die wir vielleicht nicht unbedingt anschauen wollen*. ... So entwickelt sich unser Mut häufig im Zusammenhang mit Beziehungen, und die Verbundenheit mit anderen zu spüren hilft uns oft, mit unserer Angst fertig zu werden. (Gilbert & Choden 2014, 126 – H. i. O.)

16.3 Gemeinsame Beiträge
Von günstigen Zeitpunkten, dem Umgang mit ›Leichen im Keller‹, der schwierigen Konkurrenz ums Verstandenwerden, von »Ich-Botschaften«, dem ruhigen Zuhören und vom Verzeihen

Dann könnte allmählich die Zeit gekommen sein, miteinander über das Geschehene zu sprechen. Dabei ist es wichtig abzuwarten, bis beide sich einigermaßen von dem Schreck erholt und sich ihrer Verbundenheit durch die oben beschriebenen Maßnahmen so weit versichert haben, dass sie bereit sind, einander **freundlich** und aufmerksam zuzuhören und sich für die jeweilige Perspektive des Anderen zu interessieren. Denn Lisas und Michaels Erlebensweisen und Ansichten von dem Vorgefallenen werden sich *mit Sicherheit* unterscheiden – sonst hätte die Kränkung von vornherein nicht geschehen können.

Zwischenbemerkung 37: »Wenn wir ... gestresst sind, erleben wir normalerweise das Verständnis und die Freundlichkeit anderer als echte Hilfe. Das hängt teilweise damit zusammen, **dass unser**

Gehirn darauf ausgelegt ist, sich angesichts von Freundlichkeit zu beruhigen. Tatsächlich kann Freundlichkeit, die uns entgegengebracht wird, dazu beitragen, dass unsere Herzfrequenz und unser Blutdruck sinken und wir dadurch körperlich zur Ruhe kommen.«
(Gilbert & Choden 2014, 117 – H. i. O.)

Ich betone das, weil die Beteiligten häufig von der hoffnungsvollen, aber naiven Annahme ausgehen, man könne sich *leicht* wieder verständigen; diese Naivität schafft jedoch aus meiner Sicht eine ungute Voraussetzung für den weiteren Klärungsprozess, denn sie begünstigt unrealistische Erwartungen und damit neue Enttäuschungen und Kränkungen. Jetzt sind zwar Zuwendung, Interesse und Engagement gefragt, aber keine blauäugige Gutgläubigkeit. Denn nun beginnt die Arbeit – ja: *Arbeit!* – an jener Verständigung, die zuvor gescheitert war und die jetzt, beim erneuten Versuch, möglichst nicht ein weiteres Mal misslingen soll.

Ein Gespräch beginnt sinnvollerweise mit der gemeinsamen Abstimmung darüber, ob für beide der passende Zeitpunkt zum Reden gekommen ist. Dafür, dass der Zeitpunkt *passend* ist, gibt es einige Kriterien, die man generell beschreiben kann, aber auch einige, die sehr individuell sind und die die Beteiligten für sich selbst definieren müssen. Ich kann nur die allgemeinen nennen und beginne mit zwei ›objektiven‹ Kriterien:

Beide Beteiligte sollten einigermaßen ausgeschlafen und auch ansonsten bei möglichst klarem Verstand sein. Vielleicht erscheint das trivial oder überflüssig zu erwähnen, ist es aber nach meiner Erfahrung keineswegs. Denn Diskussionen mitten in der Nacht, mit denen trotz Müdigkeit ›schnell noch‹ etwas bereinigt werden soll, bevor man ins Bett geht, stehen selten unter einem guten Stern. Noch ungünstiger ist es, wenn einer von beiden oder gar beide Beteiligte Alkohol oder andere Drogen zu sich genommen haben, denn deren Wirkung schwächt – mehr noch als Müdigkeit – die Fähigkeiten zur Selbstdisziplin, Unterscheidungsfähigkeit und

Geduld; außerdem vermindern sie die Frustrationstoleranz oder die persönliche Präsenz. Alle diese Fähigkeiten werden für das anstehende Gespräch aber unbedingt und uneingeschränkt benötigt.

Neben allgemeiner Wachheit und geistiger Klarheit gibt es noch ein spezielleres Kriterium, das ich für wichtig halte: Die psychische Erregung, die Lisa und Michael während der kränkenden Interaktion aktiviert haben, sollte in dem Maß, wie sie für die beiden mit dem Täter-Opfer-Muster verknüpft ist, weitgehend *abgeklungen* sein, bevor sie ihr Gespräch beginnen. Die Emotionspsychologen sprechen in diesem Zusammenhang von der »**Refraktärphase**«. Sie meinen damit die Zeitspanne, die jede beliebige, intensiv erlebte Emotion nach sich zieht und während der ein Mensch so stark davon eingenommen ist, dass es ihm schwerfällt, andere Gefühle und Gedanken zuzulassen, die nicht zu der gerade aktivierten Emotion passen.

Zwischenbemerkung 38: »Emotionen ändern unsere Sicht der Welt und unsere Interpretation des Handelns anderer. Wir versuchen nicht infrage zu stellen, warum wir ein bestimmtes Gefühl empfinden, vielmehr bemühen wir uns, es zu bestätigen. **Wir bewerten das Geschehen in einer Weise, die mit dem bestehenden Gefühl konsistent ist**; so rechtfertigen und erhalten wir es. ... [Das] kann uns in Schwierigkeiten bringen, weil wir, wenn wir von einem Gefühl überwältigt sind, bereits erworbenes Wissen, das unser Gefühl ins Wanken bringen könnte, vergessen oder missachten und neue Informationen aus unserer Umwelt, die nicht zu unserer augenblicklichen Gefühlslage passen, ignorieren.« (Ekman 2004, 55)

Wir alle kennen aus eigener Erfahrung dieses Phänomen: Wenn wir in einer albernen Stimmung sind oder gerade über einen guten Witz gelacht haben, ist die Wahrscheinlichkeit hoch, dass wir die unmittelbar folgende Situation auch wieder lustig finden und zum

Anlass nehmen, erneut zu lachen. Dasselbe gilt natürlich auch und gerade im negativen Fall. Wenn Sie sich kurz zuvor gekränkt gefühlt haben, ist die Gefahr relativ groß, dass Sie eine weitere Bemerkung ihres Gegenübers als erneute Kränkung verstehen. Dazu addiert sich dann leider oft noch ein weiterer psychologischer Faktor, der damit zu tun hat, wie das menschliche Gedächtnis funktioniert. Die aktuelle Gefühlslage, in der man sich gerade befindet, hat nämlich auch einen starken Einfluss darauf, woran man sich *erinnert*:[46] Wer sich gerade ärgert, erinnert sich spontan eher an frühere Ereignisse, bei denen er sich gleichfalls geärgert hat, und es fällt ihm schwerer, Erinnerungen an Situationen lebendig werden zu lassen, in denen er sich fröhlich oder liebevoll gefühlt hat.

So kommt es, dass Menschen, die gerade miteinander in ein Kränkungsgeschehen verwickelt sind, trotz der guten Absicht, die Sache zu bereinigen, einander weitere Anlässe zu Kränkungen liefern und diese dann auch als Kränkungen deuten, wenn sie noch während der Refraktärphase ein Gespräch zu führen versuchen. Es wird ihnen in diesem Zeitraum nicht nur schwerfallen, positive Emotionen füreinander zu aktivieren, sondern sie riskieren zusätzlich, die Problematik ihrer Situation dadurch zu verschärfen, dass ihnen allerlei Kränkungen aus der Vergangenheit in den Sinn kommen. Dann ist es leicht, alle möglichen ›Leichen aus dem Keller‹ zu holen und sich in einer unübersichtlichen Menge von schlechten Erfahrungen und entsprechenden Vorhaltungen zu verlieren. Das macht es natürlich äußerst schwierig, den jeweils Anderen aus seiner bzw. ihrer *aktuellen* Situation heraus zu verstehen, ohne ihm allgemeine negative Eigenschaften zuzuschreiben.[47]

Es empfiehlt sich also für Lisa und Michael, für ihr Gespräch einen Zeitpunkt zu wählen, zu dem sie ausgeschlafen, in klarer geis-

---

46 Der Fachbegriff dazu heißt »*state dependent memory*« (Bower 1981).
47 Ich erinnere daran, was ich in Abschnitt 7 über den sogenannten »fundamentalen Attributionsfehler« gesagt hatte.

tiger Verfassung und nicht mehr aktuell von den Gefühlen des Gekränktseins bzw. der Schuld bestimmt sind. Sollte das für einen von
beiden noch nicht der Fall sein, ist es hilfreich, sich zu einem späteren Zeitpunkt zu verabreden, der für beide die beschriebenen Bedingungen erfüllt. Ein Teil dieser Verabredung könnte auch darin
bestehen, sich zunächst darüber auszutauschen, was die beiden
jeweils brauchen, um in eine für das eigentliche Gespräch günstige
Verfassung zu kommen. *Darüber* zu sprechen – aber auch *nur* darüber – kann schon jetzt sinnvoll sein.

Vielleicht tut es ihnen gut, zunächst eine oder zwei Stunden
allein zu verbringen (wenn Michael das nicht für den Einstieg in das
grüblerische Rückzugsmuster nutzt oder Lisa für den Einstieg in
Schuldgefühle und Rechtfertigungen). In dieser Zeit empfiehlt es
sich, die Dinge zu tun, von denen sie wissen, dass sie damit ihre
Stimmung positiv beeinflussen können. Damit komme ich zu den
oben schon angedeuteten, sehr individuellen Vorlieben, die jede
und jeder für sich selbst herausfinden muss: Die Eine wird sich vielleicht in die warme Badewanne legen, der Andere seine Lieblings-
musik hören, ein Dritter zieht vielleicht eine sportliche Aktivität
vor, und ein Vierter begibt sich an einen schönen Ort in der Natur,
der ihm Ruhe und Kraft gibt. Selbstverständlich kann auch der
Kontakt mit einer dritten Person hilfreich sein, allerdings nur, wenn
diese sich anteilnehmend und zugewandt verhält, ohne Partei zu
ergreifen und das Täter-Opfer-Denkschema zu fördern.

Exkurs: Bevor ich mit meinem eigentlichen Gedankengang fort-
fahre, möchte ich kurz eine Warnung einfügen, die mir aufgrund
einiger Erfahrungen, die ich besonders in der jüngeren Vergangenheit gemacht habe, angezeigt zu sein scheint. Sie betrifft den immer
häufiger zu beobachtenden Versuch, die Klärung zwischenmenschlicher Probleme über Medien wie E-Mail oder SMS anzugehen. Solche Versuche scheitern fast immer. Das liegt daran, dass die rein
digitale Kommunikation, die häufig auch noch zwischen Tür und

Angel vollzogen wird und von Hast[48] und mangelnder Sorgfalt geprägt ist, wichtige analoge Informationen ausblendet, die im Gespräch von Angesicht zu Angesicht nicht nur durch Mimik und Gestik, sondern auch durch den Ton, in dem gesprochen wird, zum Ausdruck kommen. Von daher empfiehlt es sich, genau zu unterscheiden, zu welchen Zwecken´man diese Medien benutzt.

Die Entwicklung und Verbreitung Internet-basierter Technologien hat die Möglichkeit geschaffen, leicht (und umsonst bzw. mit geringen Kosten für den Verbraucher) mit Menschen zu interagieren, die viele Kilometer entfernt sein können. Allerdings gehen diese Fortschritte zu Lasten der körperlichen, speziell der taktilen Aspekte zwischenmenschlicher Kommunikation. (Wallace & Spencer 2010, 247)

»Der Ton macht die Musik.« Die analogen Informationen helfen dabei, den sprachlichen Inhalt der Kommunikation zu interpretieren. Sie vergrößern die sichtbaren Anteile der Horizonte der Beteiligten (vgl. Abschnitt 13) und tragen so dazu bei, dass die Verständigung zwischen ihnen gelingen kann. Bei rein digitaler Kommunikation steigt dagegen das Risiko von Missverständnissen, weil die analogen Deutungshilfen fehlen, was häufig dazu führt, dass sie, sozusagen ersatzweise, von dem Empfänger einer Mitteilung in Form von Projektionen ergänzt werden. Dabei ist die Fehlerquote erfahrungsgemäß hoch. – Im Übrigen kann es auch nicht wirkungslos bleiben, wenn die verbindende Wirkung körperlichen Kontakts oder räumlicher Nähe von vornherein ausgeschlossen wird.

---

48 Die allgemeine Beschleunigung des Lebenstempos hat nicht erst mit dem Internet begonnen, sondern ist ein typischer Aspekt postmoderner Gesellschaften, der zur Entfremdung der Menschen von ihren Tätigkeiten und von sich selbst beiträgt (vgl. Rosa 2013).

Sollte es den beiden schwerfallen, sich auf einen geeigneten Zeitpunkt für ihr Gespräch zu einigen, wäre es schön, wenn Lisa in der
Lage wäre, in diesem Punkt ein Stück weit einzulenken und Michael
entgegenzukommen. Ich gebe diese Empfehlung aus zwei Gründen:
Erstens sollte sich die Verhandlung über den Zeitpunkt nicht lange
hinziehen, denn bei dem dabei besprochenen Thema handelt es
sich zwar inhaltlich um Nebensächliches; zugleich besteht dabei
aber die Gefahr, dass die beiden, die sich ja noch in einer problematischen gemeinsamen Situation befinden, auch bei dem Gespräch
über Nebensächliches erneut in Schwierigkeiten miteinander geraten, die dann zwar inhaltlich von dem eigentlichen Problem ab-
lenken, es dabei zugleich aber emotional weiter aufheizen.

Lisa ist wahrscheinlich eher in der Lage, in diesem Punkt nachzu-
geben – und das ist der zweite Grund: Im Bezugssystem des Täter-
Opfer-Schemas, das vermutlich mehr oder weniger stark im Hintergrund wirksam ist, hat Lisa die scheinbar stärkere Position, während
Michael sich eher in der unterlegenen Position fühlt. Ein Nachgeben
würde für ihn, selbst wenn es sich um eine nebensächliche Frage
handelt, in dieser Situation eine weitere Schwächung seines Selbstwertgefühls bedeuten, die er sich möglicherweise subjektiv nicht
leisten kann und der er sich deswegen widersetzt. Wenn Lisa sich
aber in der Frage des Zeitpunkts entgegenkommend zeigt, tut sie
sich nicht nur selbst etwas Gutes hinsichtlich der Schuldgefühle, die
sie in der Täterrolle empfindet, sondern – und das ist für den weiteren Verlauf der Beziehungsklärung wichtiger – sie wertet Michael
unausgesprochen auf und hilft ihm so, die Opferrolle hinter sich zu
lassen.[49]

---

49 Man kann aus dem hier Gesagten durchaus die Verallgemeinerung ableiten, dass
Konfliktpartner, die – aus welchen Gründen auch immer – die scheinbar stärkere
Position einnehmen, die Chancen für eine Beilegung des Konflikts erhöhen können,
wenn sie dazu beitragen, dass sich der scheinbar schwächere Konfliktpartner ernst
genommen oder sogar aufgewertet fühlt. Alles, was von dem scheinbar Schwächeren
als Demütigung erlebt wird, verschärft die Konfliktdynamik, denn wer meint, sein
Ego retten zu müssen, kann sich nicht mehr auf die Sache konzentrieren. Dagegen

Nehmen wir jetzt an, Lisa und Michael treffen sich zu einem passenden Zeitpunkt und an einem Ort[50], der beiden angenehm ist, um in ein Gespräch darüber einzutreten, was in der Kränkungssituation zwischen ihnen passiert ist. Sie sollten sich jetzt darüber bewusst sein, dass für sie *beide dasselbe* Bedürfnis im Vordergrund steht, nämlich der Wunsch, vom jeweils Anderen *verstanden* zu werden. Da es sich einerseits um dasselbe Bedürfnis handelt, andererseits beide Beteiligte ihren Wunsch an den jeweils Anderen richten, besteht die Gefahr, dass ihre Bedürfnisse in Konkurrenz zueinander geraten: Sowohl Lisa als auch Michael empfinden eine mehr oder weniger große Dringlichkeit, beim jeweils Anderen Verständnis zu finden.

Mit dieser Dringlichkeit entsteht das Risiko, dass sie auf subtile oder auch vehemente Weise darum zu kämpfen beginnen, sich *zuerst* selbst vom Anderen verstanden zu fühlen, bevor sie ihrem Gegenüber Verständnis entgegenbringen. Häufig äußert sich das darin, dass die Wortwechsel schnell aufeinanderfolgen, die Beteiligten einander ins Wort fallen und beide jeweils die eigene Perspektive betonen. Ein äußeres Anzeichen dafür ist dann oft die Forderung an das jeweilige Gegenüber »Lass mich doch mal ausreden!«, die oft eher so klingt wie »Mach *mir* Platz!« – woraufhin die Angesprochene bestenfalls nachgibt, dabei aber kaum zuhört, sondern nur ungeduldig abwartet, bis der Andere endlich fertig ist und sie endlich wieder reden darf.

Ein derartiges, von Konkurrenz und Eile geprägtes Gerangel um das Rederecht hebelt eine Grundstruktur jedes Dialogs aus: die Abwechslung von Mitteilung und Antwort (engl.: *turn-taking*),

---

sind Konfliktpartner, die sich gleichberechtigt und souverän fühlen, sehr viel eher in der Lage, eine Lösung für ihren Konflikt zu finden.

50 »Ort« ist nicht unbedingt im stationären Sinn zu verstehen. Ein Gespräch im Gehen – tatsächlich und symbolisch – *Seite an Seite* kann, wenn die Umgebung nicht zu viele ablenkende Reize bietet, eine sehr viel günstigere Rahmenbedingung darstellen als ein Gespräch im Sitzen, bei dem vielleicht auch noch die Stühle konfrontativ angeordnet sind.

durch die ein *gemeinsamer* Gesprächsrhythmus entsteht. Dieser gemeinsame Rhythmus stellt eine erste und fundamentale gegenseitige Abstimmung dar, die die Beteiligten miteinander verbindet.

Wenn er nicht zustande kommt, hat das in der Regel die Wirkung, dass die erhoffte Verständigung auch in der Sache ausbleibt; Ellenbogenmentalität und Schnelligkeit passen ja schon atmosphärisch nicht im Geringsten zu einem Klima von gegenseitiger Zuwendung und Einfühlung.

Wenn z. B. Lisa auf Michaels Darstellung seines Erlebens damit reagiert, dass sie ihm hastig ihre eigene Perspektive gegenüberstellt, kann für Michael kaum der Eindruck entstehen, dass seine Äußerung jene ersehnte *emotionale Resonanz* bei Lisa hervorgerufen hat, von der oben schon die Rede war (vgl. Abschnitt 12). Weil emotionale Resonanz eine Schwingung ist, die eine gewisse Zeit braucht, wird Michael so vermutlich nicht das *Gefühl* bekommen, von ihr verstanden zu werden, und er wird auch keine Wiederbelebung seiner Verbundenheit mit Lisa empfinden – für sie gilt umgekehrt natürlich dasselbe. Doch genau das wäre gerade jetzt besonders wichtig, damit ihre Beziehung sich erholen kann und das Bemühen um gegenseitige Verständigung eine Chance hat zu gelingen.

Neben dem Wunsch nach emotionaler Resonanz geht es für beide nun aber auch darum, ihrem Gegenüber **ihren jeweiligen Bezugsrahmen nachvollziehbar zu machen**, in dem für sie ihr jeweiliges Verhalten während des Kränkungsvorgangs stand. Auch dafür ist eine ruhige Atmosphäre notwendig, denn dazu müssen sie sich füreinander öffnen und sich willkommen fühlen, einander mitzuteilen, welche Bedeutungen für sie mit dem kränkenden Vorgang verbunden waren und sind.

Zwischenbemerkung 39: In mancher Hinsicht ähnelt die Form eines Gesprächs, wie ich es hier vorschlage, dem, was Michael Lukas Moeller unter dem Begriff des »Zwiegesprächs« populär gemacht

hat: »Jeder spricht über das, was ihn bewegt: wie er sich, den anderen ... [und die zu klärende Situation] erlebt [hat]. Er bleibt also bei
sich. Das Gespräch hat kein anderes Thema. Es ist offen. Reden und
Zuhören sollten möglichst gleich verteilt sein. Schweigen und
Schweigenlassen, wenn es sich ergibt. So sind ausgeschlossen: bohrende Fragen, Drängen, Kolonialisierungsversuche. Zwiegespräche
sind kein Offenbarungszwang. Jeder entscheidet für sich, was und
wieviel er sagen mag. ... **Sich wechselseitig einfühlbar zu machen**
ist das erste Ziel der Gespräche.« (1996, 121)

Denn Lisa möchte gerne von Michael darin gesehen werden, dass
sie keinerlei Absicht hatte, ihn zu kränken, und Michael wünscht
sich von Lisa, darin verstanden zu werden, dass ihr Verhalten auf
ihn kränkend gewirkt hat. Es ist in vielen Fällen gar nicht so einfach,
diese beiden scheinbar widersprüchlichen Perspektiven nebenein-
ander stehen und wirken zu lassen. Für all das müssen beide sich
die Zeit nehmen, die erforderlich ist, um die Gefühlslage und das
Bezugssystem des Anderen nachzuvollziehen; nur dann kann die
Aufgabe, sowohl eine emotionale wie auch eine inhaltliche Verständigung zu schaffen, mit Aussicht auf Erfolg angegangen werden.

Am besten ist es daher, wenn einer von beiden dem Anderen den
Vortritt lassen kann und wenn sie sich darauf einigen, dass es für
eine gewisse Zeit *erst einmal* nur um das Verständnis für *eine* der beiden Seiten gehen soll und *erst danach* um das Verständnis für die
andere Seite. Man kann das – durchaus ein wenig förmlich – mittels
einer ausdrücklichen Absprache miteinander regeln oder dadurch,
dass man das Los entscheiden lässt. Vielleicht brauchen die Beteiligten auch keine solchen Hilfsmittel, sondern finden einfach dadurch
zu einem guten Austausch, dass der Eine der Anderen erst einmal
nur aufmerksam zuhört und ihr so lange Zeit lässt, ihre Sicht der
Dinge zu artikulieren, bis sie sich mit ihrer Perspektive gesehen
fühlt. Vielleicht ist es für die Gesprächspartner auch angenehmer,
einen zeitlichen Rahmen auszumachen und etwa 10 oder 15 Minu-

ten für jeden Turnus einzuplanen. Man kann vereinbaren, zwei- oder dreimal bzw. so oft abzuwechseln, wie es nötig ist, bis die gegenseitige Verständigung erreicht ist.

Dabei hilft es, wenn die zunächst Zuhörende das Gehörte weder bewertet noch diskutiert, sondern sich darauf beschränkt zu formulieren, was sie verstanden hat, bzw. Fragen nur ausnahmsweise zu stellen, wenn gravierende Verständnislücken entstehen. Der gerade Sprechende sollte im Gegenzug einstweilen darauf verzichten, Fragen an den Anderen zu richten, und nur über sein *eigenes* Erleben und dessen Hintergründe reden. Fragen an das Gegenüber führen leicht dazu, die vereinbarte Gesprächsstruktur aufzulösen, und bekommen später ihre Zeit, wenn der zuerst Sprechende sich einigermaßen mit seiner Perspektive gesehen gefühlt und den ›Staffelstab‹ an den Anderen weitergereicht hat.

Neben dieser formalen Strukturierung ist auch eine inhaltliche Vorgabe nützlich: Die Gesprächspartner sollten sich bei der Beschreibung ihrer Erfahrung so weit wie irgend möglich auf die *aktuelle* Kränkungssituation konzentrieren und darauf verzichten, Parallelen zu anderen, früheren Situationen zu ziehen. Wie oben schon gesagt, ist das wegen der Art, wie das menschliche Gedächtnis funktioniert, nicht ganz einfach, verhindert aber, dass man vom Hundertsten ins Tausendste kommt und sich dabei so verzettelt, dass das Gespräch am Ende mehr zur Verwirrung als zur Klärung beiträgt.

Im Übrigen vermeidet man auf diese Weise neue Schwierigkeiten, die sich aus dem in Abschnitt 7 beschriebenen »Attributionsfehler« ergeben: Weil Lisa ihr Verhalten als Ausdruck ihres Erlebens der *aktuellen* Situation versteht und genau damit von Michael verstanden werden möchte, würde jede *Verallgemeinerung*, wie sie etwa durch das Heranziehen anderer Beispiele suggeriert wird, eher dazu beitragen, dass sie sich unverstanden fühlt. Eine eher abwehrende Reaktion wäre dann wahrscheinlich.

Ich will damit keineswegs bestreiten, dass es menschliche Verhalten*smuster* gibt, die sich in verschiedenen Situationen wiederholt zeigen und es wert sein können, gemeinsam reflektiert zu werden. Sie sollten jedoch möglichst unabhängig und *zeitlich getrennt* von dem Versuch diskutiert werden, eine aktuelle Kränkung zu bewältigen. Und vor allem sind solche Gespräche nur dann erfolgversprechend, wenn die Person, um deren Muster es dabei gehen soll, es *selbst* als ein Muster sieht und *selbst* den Wunsch äußert, darüber zu sprechen; mehr dazu werde ich in Abschnitt 17.2 sagen.

Die beschriebenen Strukturierungen des Gesprächs können eine gewisse Sicherheit gewährleisten, durch die beide Beteiligte sich darauf verlassen können, dass sie ausreichend zu Wort kommen werden. Wenn diese Sicherheit besteht, trägt sie oft auch insofern zur Entspannung bei, als niemand befürchten muss, nicht gehört zu werden. Das macht es leichter, sich dem jeweils Anderen in Ruhe zuzuwenden. Die Struktur liefert überdies einen Rahmen, innerhalb dessen auch schwierige Gefühle zur Sprache gebracht werden können, ohne dass deswegen sofort ein hitziger Wortwechsel entstünde, bei dem keiner dem Anderen mehr zuhörte.

Denn gerade für die schwierigen Emotionen – den Kummer, den Ärger, die Schuld etc. – soll die Gesprächsstruktur einen Halt geben, der es den Beteiligten möglich macht, diese Gefühle zum Ausdruck zu bringen und sich mit ihnen durch den Anderen verstanden zu fühlen. Dies wird ihnen umso besser gelingen, je mehr sie sich jeweils als die Urheber ihrer Emotionen begreifen, anstatt ihr Gegenüber dafür verantwortlich zu machen, wie sie die Anlässe, die sie bzw. er ihnen geliefert hat, bewertet und verarbeitet haben.

Auf der sprachlichen Ebene zeigt sich das u. a. in sogenannter **»Ich-Sprache«** im Unterschied zu sogenannten »Du-Botschaften«. Es macht in der Formulierung scheinbar keinen allzu großen Unterschied, ob jemand sagt, »*Du* hast mich wütend gemacht, weil *du* unpünktlich warst,«[51] oder ob sie sagt, »*Ich* habe mich geärgert, als *ich* so lange warten musste«. Aber hinsichtlich der psychologischen Wirkung auf den Zuhörer sowie in Bezug auf die psychologische Rückwirkung auf den Sprecher können solche Unterschiede in den Formulierungen durchaus bedeutsam sein.

> **Zwischenbemerkung 40: »›Ich-Botschaften‹ des einen Menschen in einer Beziehung fördern ›Ich-Botschaften‹ des anderen.** ... ›Ich-Botschaften‹ haben weniger Aussicht, einen ... Streit hervorzurufen. ... Es ist ... sehr viel weniger bedrohlich, jemandem zu sagen, was man empfindet, als ihn zu beschuldigen, eine schmerzliche Empfindung *verursacht* zu haben. Es bedarf eines gewissen Mutes, um ›Ich-Botschaften‹ zu senden, aber der Lohn ist im allgemeinen das Risiko wert.« (Gordon 1997, 132f. – H.i.O.)

In jedem Fall werden mit Ich-Sprache jene Schuldzuweisungen vermieden, die wesentlicher Bestandteil des Täter-Opfer-Musters sind. Genau dieses Muster wollen Lisa und Michael ja gerne hinter sich lassen und stattdessen zu verstehen beginnen, welche *unterschiedlichen* Bezugssysteme zu der kränkenden Interaktion geführt haben.

In dieser Aussage ist die wichtige Annahme enthalten, dass die Verständigung zwischen den beiden *Unterschiede* zutage fördern wird, worauf ich schon am Anfang dieses Abschnitts hingewiesen hatte. »Verständigung« ist deswegen nicht immer dasselbe wie »Einigung«, sondern bedeutet das Kennenlernen und Nachvollziehen der jeweils *anderen* Perspektive. »Jede(r) Beteiligte muss den aktuellen Zustand des anderen kennenlernen, wenn die Regulation [ihrer Beziehung] erfolgreich sein soll« (Tronick 1998, 294).

---

51 Die Aussage »Du hast mich wütend *gemacht, weil* du unpünktlich warst« enthält gemeinsam mit den Du-Botschaften auch das Kausalitätsdenken des Täter-Opfer-Schemas – so als hätte der Andere die Macht über die Gefühle dessen, der *sich* (!) ärgert.

Häufig lösen sich durch das Gespräch nicht alle Widersprüche zwischen den verschiedenen Sichtweisen auf; manche bleiben bestehen, und man kann sich vielleicht nur im Respekt vor der Andersartigkeit des Anderen darauf einigen, dass man sich in manchen Punkten *nicht* einigen kann. Das kann durchaus bedauerlich sein, weil es eine unüberbrückbare Kluft in der Gemeinsamkeit der Beteiligten deutlich macht.[52] Manchen Menschen gelingt es in einer solchen Situation, ihre Verbundenheit durch ein *gemeinsames Trauern* über die offenbar gewordene Kluft aufrechtzuerhalten oder sogar zu intensivieren. Das kann ein für beide sehr bewegender Prozess sein.

In glücklichen Fällen führt die Verständigung über die unterschiedlichen Horizonte zur kreativen Entwicklung eines für beide Beteiligte neuen, *gemeinsamen* Bezugsrahmens, innerhalb dessen die individuellen Unterschiede bestehen bleiben können, während sie zugleich in einen neuen, gemeinsamen Horizont eingebettet werden, der das Individuelle übersteigt und ihm einen für die Beziehung wertvollen Platz zuordnet (vgl. Staemmler 1997). Dieser Vorgang kann für die Beteiligten sehr beglückend sein, weil er ihnen die Möglichkeit schafft, ihre Autonomie und Individualität zusammen mit ihrer Verbundenheit zu leben, anstatt sich vor einem Entweder-oder zu sehen, bei dem das Eine immer auf Kosten des Anderen gehen muss.

Der Physiker David Bohm hat diesen Prozess einmal so beschrieben:

Wenn jemand in einem solchen Dialog etwas äußert, wird die Erwiderung des Gesprächspartners im allgemeinen nicht von

---

52 Weil diese Kluft durchaus schon vorher unbemerkt bestanden haben kann, selbst wenn sie erst durch das Kränkungsgeschehen deutlich geworden ist, hat sie auch einen Aspekt, den man positiv bewerten kann: Sie hilft den Beteiligten, ihre Beziehung auf eine realistischere Grundlage zu stellen, und erspart ihnen so manche weitere Enttäuschungen.

genau derselben Bedeutung ausgehen, die die erste Person im Sinn hatte. Die Bedeutungen sind vielmehr nur *ähnlich* und nicht identisch. Wenn der Gesprächspartner daher antwortet, erkennt die erste Person einen *Unterschied* zwischen dem, was sie sagen wollte, und dem, was der andere verstanden hat. Beim Nachdenken über diesen Unterschied wird vielleicht das Erkennen von etwas Neuem möglich, das sowohl für die eigene Sichtweise wie auch für die Sichtweise des Gesprächspartners relevant ist. Und so kann es hin- und hergehen, während ständig neue Inhalte entstehen, die beiden Gesprächspartnern gemeinsam sind. In einem Dialog versuchen also die Gesprächsteilnehmer nicht, einander gewisse Ideen oder Informationen mitzuteilen, die ihnen bereits bekannt sind. Vielmehr könnte man sagen, daß die beiden etwas gemeinsam machen, das heißt, daß sie zusammen etwas Neues schaffen. (Bohm 1998, 27 – H. i. O.)

Doch auch bei einem auf diese Weise glückenden Verlauf des gemeinsamen Gesprächs bleibt manchmal bei dem Gekränkten ein Rest des Leids zurück, den auch die gemeinsamen Verständigungsbemühungen nicht ganz beseitigen konnten. Das kann sich so ähnlich anfühlen wie die Nachwirkungen eines Schocks, den man empfunden hat, als man etwas Schlimmes (mit-)erlebt hat, der einem noch ›in den Knochen‹ steckt und der vielleicht erst in dem Moment richtig spürbar wird, in dem man mit einiger Erleichterung realisiert, dass alles relativ glimpflich abgelaufen ist.

Das ist vielleicht der Moment, in dem Lisa aus *Mitgefühl* mit Michael und aus *Bedauern* über das von ihm erlebte Leid ihn um *Verzeihung* bitten kann – ich meine *nicht*: aus Schuldgefühlen heraus um Ent-*schuld*-igung bitten, denn Schuld ist, wie ich hoffentlich deutlich machen konnte, in diesem Zusammenhang meistens nicht die passende Kategorie. Aber um Verzeihung zu bitten bedeutet, dass Lisa an Michaels Kränkungsgefühl Anteil nimmt und im Interesse ihrer gemeinsamen Beziehung dafür sorgen möchte, dass nichts Trennendes zwischen ihnen zurückbleibt.

Es bedeutet, ihm noch einmal zu zeigen, dass sie keine böse Absicht hatte, und ihn so dazu anzuregen, aus dem eventuell verbliebenen Rest seiner Opferhaltung herauszukommen und **die Kränkung wirklich hinter sich zu lassen**. Es bedeutet allerdings auch, Michael dazu einzuladen, dass er ihr das Geschehene nicht mehr nachträgt und zukünftig auf irgendwelche aus dem erlebten Leid abgeleiteten Ansprüche verzichtet: Wenn er Lisa vergibt, entsagt er damit seinen Vorwürfen und Ressentiments[53] und begegnet ihr mit Zuneigung und Mitgefühl, auch wenn sie sich aus seiner Sicht falsch verhalten hat.

> **Zwischenbemerkung 41:** »Wenn wir verzeihen, muss es von Herzen kommen, denn es hilft nicht, Vergebung auszusprechen, im Herzen aber den Groll zu behalten und sich damit eine Hintertür für die Anklage offen zu halten. **Wer wirklich vergeben hat, kann auch mit der Erinnerung leben**, weil diese durch das Verzeihen ihre schmerzhafte Wirkung verloren hat.« (Döring 2007, 29)

Der Bitte um Verzeihung zu entsprechen, stellt für Michael eine Unterstützung dar, sich aufzurichten und die Souveränität und Würde eines Menschen zu aktivieren, der weiß, dass Leiden genauso zum Leben gehören wie die Tatsache, dass auch er selbst bisweilen – tragischerweise – zum Auslöser für Kränkungen werden kann, die Andere anlässlich seines Handelns erfahren.

Ihn um Vergebung zu bitten ist, so verstanden, *kein* Schuldbekenntnis. Es ist vielleicht ein Akt der Demut[54], jedoch kein Akt der Selbstdemütigung oder Selbsterniedrigung; es ist vielmehr Aus-

---

53 Diesen Gefühlen zu »entsagen« soll heißen, sie entschieden loszulassen, nicht, sie zu verleugnen.
54 Auf die Frage der Demut werde ich später noch ausführlicher zurückkommen.

druck der »Würde desjenigen, der zeigt, daß ihn das Leid nicht unberührt läßt, auch wenn er darin nicht schuldig geworden ist« (Bieri 2013 b, 275). Zugleich ist die Bitte um Verzeihung immer auch eine Herausforderung an die Bescheidenheit und das persönliche Format dessen, an den sie gerichtet ist. Denn wer um Vergebung gebeten wird, kann dieser Bitte nur entsprechen, wenn er sich gegen die Opferrolle sowie das Festhalten am Faustpfand des Gekränktseins und stattdessen für die Würde der Großherzigkeit entscheidet. Das ist natürlich nicht immer einfach, denn zu vergeben »fällt uns … besonders schwer, wenn einer unserer Kernwerte verletzt wurde. Jemanden, dem Treue der wichtigste Wert in einer Beziehung ist, schmerzt der Betrug durch den Partner besonders« (Salcher 2011, 82); die Situation von Linda (vgl. das sechste Beispiel in Abschnitt 3) steht beispielhaft für zahlreiche, schwer zu bewältigende Kränkungen, die in Partnerschaften durch heimliche Untreue, Vertuschungen und Lügen hervorgerufen werden. Gerade in solchen Fällen sind das Bitten um Verzeihung einerseits und das Vergeben andererseits die jeweiligen Handlungen der Beteiligten, mit denen es ihnen gelingen kann, ihre Verbundenheit wiederherzustellen, wenn *beide* ihren jeweiligen Part dabei *aktiv* übernehmen. –

Ich möchte diesen Abschnitt mit einem Hinweis beenden: Wie Sie, liebe Leserinnen und Leser, meiner Beschreibung der möglichen Interaktionen zwischen Lisa und Michael wahrscheinlich bereits entnommen haben, handelte es sich hier um zwei Menschen, die versuchten, einen ernsthaften Konflikt in ihrer Partnerschaft zu bewältigen. Meine Anregungen dafür lassen sich selbstverständlich nicht ohne Modifikationen auf andere Arten von Beziehungen und Konflikten übertragen; das habe ich für die Ebene des körperlichen Kontakts schon erwähnt. Ich denke aber, dass viele Aspekte eines einfühlsamen und respektvollen Dialogs, wie sie am Beispiel von Michael und Lisa deutlich werden, auch in vielen anderen sozialen Beziehungen hilfreich und nützlich sein können, wenn sie auf den jeweils besonderen Charakter dieser Beziehungen zugeschnitten werden. Dabei sind Ihr Feingefühl und Ihre Kreativität gefragt.

Zusammenfassung

Am Ende dieses Abschnitts und auch am Schluss des folgenden möchte ich die Empfehlungen kurz zusammenfassen, die ich jeweils gegeben habe. Vielleicht erleichtern es diese Zusammenfassungen Ihnen, meine Leserinnen und Leser, sich bei Bedarf an die einzelnen Punkte zu erinnern:

In Abschnitt 16 ging es um die Frage, was man im Sinne von Sofortmaßnahmen dafür tun kann, um das Leiden an einer gerade erlebten Kränkung und die unmittelbaren negativen Auswirkungen auf die Beziehung zwischen den Beteiligten möglichst gering zu halten. Ich habe meine Überlegungen dazu in drei Teile gegliedert: erstens in die Maßnahmen, die der Gekränkte ergreifen kann, zweitens in die Maßnahmen, die die Person ergreifen kann, die Auslöserin der Kränkung war, und drittens in die Maßnahmen, die beide gemeinsam ergreifen können.

Im ersten Teil (16.1) habe ich das Folgende vorgeschlagen: Wer sich akut gekränkt fühlt,

- kann zunächst den Automatismus unterbrechen, der ihn zu passivem Rückzug oder aktivem Angriff verleitet.
- Er kann stattdessen innehalten und sich mit freundlicher Aufmerksamkeit seinem eigenen Erleben zuwenden, sein Gekränktsein anerkennen und engagiertes Selbstmitgefühl aktivieren.
- Auf der körperlichen Ebene kann er sich selbst tröstend berühren und so sein Gefühl der Bedrohung beruhigen.
- Zusätzlich besteht im Rahmen naher Beziehungen die Möglichkeit, mit der Auslöserin der Kränkung Körperkontakt auf-

zunehmen, wodurch gleichfalls das Bedrohungsgefühl reduziert wird, zugleich aber auch das Gefühl der Verbundenheit mit ihr wieder aktualisiert wird.

Der zweite Teil (16.2) umfasste diese Empfehlungen: Wenn eine Person bemerkt, dass sie bei ihrem Gegenüber eine Kränkung ausgelöst hat,

■ kann sie ein Weilchen innehalten, um ihre möglicherweise entstehenden Schuldgefühle von jener Betroffenheit zu unterscheiden, die damit zu tun hat, dass ihr bewusst wird, was ihr Verhalten – ohne ihre Absicht und zu ihrem Bedauern – beim Anderen ausgelöst hat.

■ Sie kann dann ihr Mitgefühl für das Leiden des Gekränkten zum Ausdruck bringen und ihm Trost spenden, ohne ihm seine Gefühle auszureden oder sie beschwichtigen zu wollen.

■ Sie kann eventuell eine körperliche Berührung zulassen oder auch initiieren, um dem Gekränkten ihre Verbundenheit zu signalisieren.

Im dritten Teil (16.3) habe ich die folgenden Vorschläge gemacht:

■ Die Beteiligten können sich über einen für beide passenden, günstigen Zeitpunkt verständigen, um über das Geschehene ins Gespräch zu kommen.

■ Die Zeitspanne, in der die Kränkung noch stark nachwirkt (Refraktärphase), sollte vergangen sein. Dabei kann es helfen, wenn beide gut für sich sorgen, indem sie sich während dieser Phase – eventuell jeder für sich – in wohltuende Situationen begeben.

■ Sie sollten darauf achten, bei einem solchen Gespräch wach und geistig klar zu sein. Außerdem empfiehlt es sich, einen für beide angenehmen Ort dafür aufzusuchen.

- Die Beteiligten tun gut daran, ihr Gespräch auf das *aktuelle* Ereignis zu konzentrieren und darauf zu verzichten, alte Geschichten auszugraben.

- Sie sollten sich dessen bewusst sein, dass sie *beide* den Wunsch haben, vom jeweils Anderen verstanden zu werden. Damit sie mit diesem Wunsch nicht in Konkurrenz zueinander geraten, ist es hilfreich, dem Gespräch – zumindest anfänglich – eine zeitliche Struktur zu geben, die sicherstellt, dass beide Gehör beim Anderen finden (vgl. Moellers »Zwiegespräche«).

- Es ist günstig, wenn beide darauf achten, in »Ich-Sprache« über ihre eigenen Gefühle zu reden, anstatt »Du-Botschaften« zu vermitteln.

- Wichtige Gesprächsinhalte sind die persönlichen Bezugssysteme der Beteiligten, die ihr jeweiliges Verhalten und Erleben in einen Sinn stiftenden Kontext einbetten und für den jeweils Anderen verständlich werden lassen.

- Die Beteiligten sollten das Hauptgewicht des Gesprächs darauf legen, einander ihre jeweiligen Bezugssysteme *verständlich* zu machen, ohne dabei gleich den Anspruch auf eine Einigung zu erheben. Gewisse Unterschiede in den persönlichen Bezugssystemen sind zu erwarten und können bestehen bleiben.

- Wenn das Gespräch einen so günstigen Verlauf genommen hat, dass die Auslöserin der Kränkung ehrlich um Verzeihung bitten und der Gekränkte authentisch verzeihen kann, ist es für die Zukunft ihrer Beziehung hilfreich, wenn sie dem auch angemessen Ausdruck geben.

17 Prävention: Verhinderung von Leid

So erstrebenswert es ist, entstandenes Leid zu lindern, so wichtig ist es, die Voraussetzungen dafür zu schaffen, dass Leid möglichst gar nicht erst entsteht. Darum soll es in dem nun folgenden Abschnitt gehen. Ich möchte allerdings eine Warnung vorausschicken: Es gibt kein Leben ohne Leid, und jeder Perfektionismus führt zu weiterem Leid – einschließlich jenes Perfektionismus, der eigentlich der guten Absicht dienen soll, Leid zu verhindern.

Die folgenden Gedanken sind von daher als Anregungen dafür gedacht, an welchen Punkten man vorbeugend ansetzen kann, wenn man weniger dazu beitragen möchte, dass Andere sich gekränkt fühlen, bzw. wenn man selbst weniger kränkbar werden will. Dabei sollte man sich jedoch immer der Tatsache bewusst bleiben, dass Kränkungen – selbst beim besten Willen – nie *völlig* zu verhindern sein werden, weder die eigenen noch die der Anderen; dazu sind Kränkungen einfach viel zu abhängig von unvorhersehbaren Bedeutungen und Interpretationen.

Das Stichwort »**Perfektionismus**« führt mich gleich zu meinem ersten Argument in diesem Abschnitt. Denn die Erwartung, dass eine Partnerin, ein Freund oder eine Kollegin sowie man selbst sich *immer* so verhalten könnte, dass es *nie* zu einer Kränkung kommt, ist unrealistisch und wird allein deswegen zu Enttäuschungen führen.

> **Zwischenbemerkung 42:** »Urteile sind sehr wichtig für unser Leben, denn wir wollen wissen, ob das, was wir tun, dem Leben dient. Und die Frage ist: **Wie urteilen wir über uns selbst, wenn wir nicht 100-prozentig perfekt sind?** Wir haben bereits als Kind gelernt, unser eigenes Verhalten streng nach moralischen Grund-

sätzen zu beurteilen. Richtig, falsch, gut, böse. Anstatt uns selbst gegenüber einfühlend zu sein, haben wir gelernt, uns Vorwürfe zu machen.« (Rosenberg 2004, 35)

Kränkungen sind menschlich.[55] Wer sie radikal vermeiden will, muss Einsiedler werden – oder:»Nur wer die Liebe meidet, kann dem Schmerz entgehen« (Brantner, zitiert nach Moeller 2000, 29). Aber wer sich auf Beziehungen einlässt, nimmt zugleich auch die Möglichkeit in Kauf, Kränkungen zu erleben und umgekehrt von Anderen als Auslöser von Kränkungen erlebt zu werden. Gute Beziehungen sind nicht daran zu erkennen, dass nie Kränkungen passieren, sondern daran, dass die Beteiligten Wege finden, sie im Sinne einer Festigung und Intensivierung ihrer Verbindung zu verarbeiten.

Dennoch kann man etwas dafür tun, die Häufigkeit der eigenen Beteiligung an kränkenden Interaktionen zu reduzieren, ohne dafür das Leben eines Eremiten wählen zu müssen. Da immer zwei Personen beteiligt sind, möchte ich für jede der beiden Standpunkte beschreiben, welche Beiträge die Einzelnen dazu leisten können, dass Kränkungen möglichst selten stattfinden.

Ich beginne in Abschnitt 17.1 mit der Perspektive dessen, der möglichst selten Auslöser für Kränkungsgefühle bei Anderen werden möchte. Sein möglicher Beitrag lässt sich generell so beschreiben: Er kann sich dafür engagieren, sein Verhalten so zu gestalten, dass es sich möglichst wenig dazu eignet, als kränkende Handlung interpretiert zu werden. Der Beitrag der Anderen, die die eigene Kränkbarkeit reduzieren möchten, besteht in der selbstreflexiven Arbeit an persönlichen Meinungen, Einstellungen und Überzeugungen, die sie bislang dazu veranlassten, Verhaltensweisen Anderer als Kränkungen zu verarbeiten. Wir werden sehen, dass es aus

---

55 Ich erinnere an Habermas' in Abschnitt 11 zitiertes Wort von der »konstitutionellen Gefährdung« des Menschen.

beiden Perspektiven sowohl darum geht, bestimmte Dinge zu *tun*, wie auch darum, andere zu *unterlassen.*

Beide Seiten können sich mit der Frage, wie sie ihren jeweiligen Beitrag zum möglichen Kränkungsgeschehen verändern können, sowohl im Selbstgespräch, im Gespräch mit Partnerinnen und Freunden oder auch mithilfe von Psychotherapie und Meditation auseinandersetzen.

Eine solche Auseinandersetzung lohnt sich, auch wenn sie schon vom Ansatz her nicht perfektionistisch angelegt sein kann, denn sie stellt – gerade was die eigene Kränkbarkeit angeht – einen *längerfristigen* Veränderungsprozess dar, der nicht nur Zeit und Ausdauer verlangt, sondern sich seinen Zielen immer nur Schritt für Schritt annähern kann, ohne sie jemals vollständig zu erreichen: *Nobody is perfect*, auch wenn er sich noch so sehr darum bemüht.

17.1 Den Anderen weniger Anlässe für Kränkungen liefern

Von der Sicherheit der Konvention, vom Taktgefühl und von den Grenzen der »goldenen Regel«

In seiner Autobiografie wundert sich Somerset Maugham:

Auf den ersten Blick hin erscheint es seltsam, daß Beleidigungen, die wir anderen zufügen, um so viel weniger verletzend erscheinen als die, die *uns* zugefügt werden. Ich nehme an, das kommt daher, daß wir alle Ursachen kennen, die unsere Beleidigungen hervorriefen, und deshalb bei uns entschuldigen, was wir bei anderen unentschuldbar finden. Wir sehen unsere eigenen Fehler nicht, und wenn wir durch den widrigen Umstand einer Beleidigung gezwungen sind, sie wahrzunehmen, erscheinen sie uns ganz verzeihlich. ... Ein Beispiel aus dem Alltag: wie empört sind wir, wenn wir jemanden bei einer Lüge ertappen; aber wer von uns hat nicht nur einmal, sondern hundertemal gelogen? (1948, 48f. – H. i. O.)

Dass man an sich selbst gerne mildere Maßstäbe anlegt als an Andere, ist sicher ein nützlicher Hinweis, der zur Vorsicht mahnt, wenn es darum geht, das Verhalten Anderer zu bewerten: Weil man geneigt ist, dem eigenen Verhalten gegenüber Anderen ein geringeres Kränkungspotenzial zuzuschreiben als dem Verhalten der Anderen gegenüber einem selbst, ist man oft nicht so achtsam, wie es vielleicht wünschenswert wäre.[56] Achtsamkeit für die Anzeichen der Wirkungen, die das eigene Verhalten auf Andere ausübt, ist daher zweifellos eine wünschenswerte Haltung, wenn man ihnen möglichst wenig Anlass geben will, sich gekränkt zu fühlen. Doch die Beschaffenheit menschlicher Kommunikation macht es, wie wir oben gesehen haben, prinzipiell nur innerhalb bestimmter Grenzen möglich vorherzusehen, ob sich jemand durch mein Verhalten gekränkt fühlen wird. Zu stark ist das Gefühl des Anderen von seinen Interpretationen (*appraisals*) abhängig, die mir nur so weit bekannt sein können, wie die gemeinsamen »Verabredungen« über Bedeutungen reichen, d. h. so weit, wie wir über gemeinsame Horizonte verfügen (vgl. Abschnitt 13). Das Misslingen der Verständigung ist auch mit Achtsamkeit nicht absolut auszuschließen, und der Verlust an Spontaneität, der mit den entsprechenden Bemühungen einhergehen kann, bloß in kein Fettnäpfchen zu treten, geht leicht auf Kosten emotionaler Nähe.

Relativ zuverlässige Verabredungen sind die in einer Kultur geltenden Konventionen: Wenn man sich an die üblichen Höflichkeitsregeln hält, kann man mit einiger Sicherheit darauf hoffen, Anderen keinen Anlass für eine Kränkung zu liefern. Zu den Konventionen, die immer beachtet werden sollten, gehören die sogenannten

---

56 Ich erinnere an den Hinweis auf die Untersuchungen von Mummendey et al. (1984) über die Perspektivenabhängigkeit der Wirkungen erlebter Aggression (vgl. Abschnitt 4).

»**Sprechakte**« des Grüßens, Bittens und Dankens, denn sie sind im Grunde mehr als nur Konventionen und verknüpfen sich mit den alltäglichen Situationen der Zusammenarbeit und des Austauschs zwischen Menschen: dem Begegnen, Geben und Nehmen.

> **Zwischenbemerkung 43:** Die Theorie der »Sprechakte« (vgl. Austin 1972; Searle 1971) untersucht eine Dimension der sprachlichen Kommunikation, die nicht nur beschreibenden Charakter hat (wie z. B. die Aussage »Der Himmel ist blau.«). **Sprechakte sind Sprachhandlungen, durch die etwas vollzogen wird; sie greifen aktiv in die Interaktion ein.** »Hiermit ernenne ich Sie zum Minister« oder »Ich taufe dich auf den Namen Lisa« sind Beispiele dafür. Jemanden zu begrüßen, um etwas zu bitten oder für etwas zu danken, sind gleichfalls Handlungen, die nicht nur einen Sachverhalt beschreiben, sondern etwas vollziehen, das die Beziehung zwischen den Beteiligten aktiv beeinflusst.

Mit dem Begrüßen des Anderen, etwa durch das Aufnehmen von Blickkontakt oder einen Händedruck, drückt man die grundlegende Anerkennung für seine Existenz und Anwesenheit aus (»Ich sehe dich; ich erkenne an, dass du da bist.«) und schafft damit eine wichtige Voraussetzung für jeden weiteren Kontakt. Der Philosoph und Ethiker Emmanuel Lévinas schreibt: »Jede Haltung gegenüber Menschlichem impliziert das Grüßen – sei es auch als Verweigerung des Grußes« (1983, 112). Wie kränkend es sich anfühlen kann, wenn diese basale Anerkennung verweigert wird, wissen diejenigen, die schon einmal von Anderen geschnitten und ignoriert worden sind – als ob sie ›Luft‹ seien.

Das Bitten hat, wenn es über eine simple Formalität hinausgeht, gleichfalls einen Aspekt der Anerkennung: Derjenigen, die ich um etwas bitte, spreche ich die Kompetenz zu, es mir gewähren (oder auch verweigern) zu können; außerdem vertraue ich mich ihr in meiner Bedürftigkeit an. Im Gegensatz dazu signalisiert die Aussage »Von dir will ich nichts mehr!«, dass ich der Anderen die Bedeutung entziehe, für mich als Gebende wichtig zu sein. Und wenn ich mich bedanke, erkenne ich an, dass ich etwas bekommen habe; ich bestätige, dass ich es annehme, und zeige, dass ich mich dankbar fühle. Sich nicht zu bedanken, wird deswegen leicht als Mangel an persönlicher Wertschätzung für die Gebende verstanden und kann damit eine Kränkung hervorrufen.

Grüßen, Bitten und Danken sind spezielle Formen des *Antwortens*, an denen auf besondere Weise deutlich wird, dass *jedes* Antworten auf die Begegnung mit einem anderen Menschen zugleich eine Bestätigung für ihn zum Ausdruck bringt. Man kann die Gegenwart eines Anderen sogar als eine radikale »Aufforderung zu Antwort« (Lévinas 1983, 224) verstehen. Daher kann in jeder unterbliebenen Antwort auf eine Anrede – gleichgültig, ob sie verbal oder nonverbal, im persönlichen Kontakt oder auch nur per E-Mail stattgefunden hat – die Verweigerung einer basalen Anerkennung gesehen werden, die dann als Kränkung verarbeitet wird. Der berühmte russische Literaturwissenschaftler Mikhail Bakhtin war überzeugt: »Für ein menschliches Wesen gibt es nichts Schrecklicheres als das *Fehlen einer Antwort*« (1986, 127 – H. i. O.).[57] Wer diese Gefahr für die Anderen möglichst gering halten möchte, tut gut daran, immer eine Antwort zu geben, wenn er angesprochen wird.

Im Idealfall ist das Geben einer Antwort als Ausdruck des wohlwollenden, achtsamen Respekts vor dem Gegenüber gemeint: »Es gibt eine Höflichkeit des Herzens; sie ist der Liebe verwandt« (Goethe 1809/1957, 566).[58] Oft folgt es vielleicht auch nur den Regeln für gute Umgangsformen; auch darin liegt ein Wert, wie Schopenhauer bemerkt hat: »Höflichkeit ist wie ein Luftkissen: es mag zwar nichts drin sein, aber es mildert die Stöße des Lebens« (zitiert nach Danzer 1998, 247).

---

57 In ihrem lesenswerten Buch *Funkstille* beschreibt Soliman (2011) eindrücklich die Wirkungen, die das radikale Ausbleiben von Antworten hervorrufen kann.

58 In *Die Wahlverwandtschaften*, Zweiter Teil, Fünftes Kapitel, »Aus Ottiliens Tagebuche«.

Andererseits ist noch so formvollendetes Benehmen selbstverständlich keine Garantie für die Vermeidung von Kränkungen: Vielleicht fühlt sich jemand gerade dadurch gekränkt, dass man sich ihm gegenüber höflich verhält, weil es auf ihn distanziert und förmlich wirkt. Im Zusammenhang mit persönlicher Nähe kann Höflichkeit als übermäßige Abgegrenztheit wirken, die die Andere dann als Bruch in der Verbundenheit deuten und empfinden kann.[59] – Auch hier stoßen wir wieder auf die Kontextabhängigkeit von Bedeutungen.

Distanzierung, Kritik und negative Bewertungen sind häufige Anlässe für Kränkungen, insbesondere wenn sie auf jemanden treffen, dessen Selbstwertgefühl labil ist (vgl. Abschnitt 11). Situative Bedingungen können hier verstärkend wirken: Wenn jemanden eine Distanzierung, Kritik oder negative Bewertung *unvorbereitet* trifft, ist ihr Kränkungspotenzial höher. Es hilft darum, bevor man einen kritischen Kommentar abgibt, zuerst um Erlaubnis zu bitten oder eine einleitende Bemerkung vorauszuschicken, um den Anderen nicht völlig zu überraschen. Am besten ist es natürlich, wenn er vorher selbst um eine Stellungnahme gebeten hat. Aber auch dann empfiehlt es sich, möglichst *konkret* auf die gestellte Frage zu antworten und Generalisierungen zu unterlassen (vgl. die Bemerkungen in Abschnitt 7 über den »fundamentalen Attributionsfehler«).

Man kann es anderen Menschen auch erleichtern, Interaktionen nicht als Kränkungen zu verarbeiten, wenn man sorgfältig zwischen Situationen unter vier Augen einerseits und öffentlichen Situationen (mit einem oder mehreren weiteren Anwesenden) andererseits unterscheidet: Bei allem, was Öffentlichkeitscharakter hat, ist ein größeres Kränkungspotenzial zu erwarten. Bestimmte Dinge

---

59 Auch Höflichkeit lässt sich missbrauchen: Während einer Supervision über eine Paartherapie wurde mir kürzlich von einer »gnadenlos höflichen« Ehefrau berichtet, die sich zwar formal respektvoll gegenüber ihrem Partner ausdrückte, dabei aber so viel Vorwurf und Distanzierung mitschwingen ließ, dass der Therapeutin der Atem stockte.

lassen sich vertraulich und deswegen (relativ) unverfänglich sagen, wenn man mit dem Adressaten allein ist (z. B. »Du siehst heute aber sehr müde aus.«). Vor irgendwelchem Publikum gesagt, kann eine solche Aussage jedoch schnell wie eine öffentliche Bloßstellung ankommen und sehr unangenehme Gefühle der Peinlichkeit und der Entwertung auslösen.

Einen ähnlichen Unterschied gibt es auch zwischen einer direkten Mitteilung *an* den Betroffenen und an Andere gerichtete Aussagen *über* den Betroffenen, sogenannten »Tratsch«. Denn *über* jemanden zu sprechen, heißt immer auch, zumindest *einen* Dritten einzubeziehen und so eine gewisse Form von Öffentlichkeit herzustellen. Dazu kommt noch, dass man den Betroffenen selbst zugleich von der Kommunikation *ausschließt*, was das Gefühl der Verbundenheit erheblich tangieren kann.

Vieles von dem hier bereits Gesagten hat mit etwas zu tun, das man im Allgemeinen als »**Taktgefühl**« bezeichnet. Sich taktvoll zu verhalten, bedeutet allerdings nicht nur, sich dessen bewusst zu sein, dass der sprichwörtliche »Ton die Musik macht«, und das eigene Verhalten in diesem Sinne abzustimmen. Es bedeutet vielmehr häufig, bestimmte Sachverhalte absichtlich zu ›übersehen‹, sie bewusst nicht zu benennen, ja, noch nicht einmal zu erkennen zu geben, dass man sie überhaupt bemerkt hat.[60]

> **Zwischenbemerkung 44:** »Wir verstehen unter Takt eine bestimmte Empfindlichkeit und Empfindungsfähigkeit für Situationen und das Verhalten in ihnen, für die wir kein Wissen aus allgemeinen Prinzipien besitzen. Daher gehört Unausdrücklichkeit und Unausdrückbarkeit dem Takt wesentlich zu. **Man kann etwas taktvoll sagen. Aber das wird immer heißen, daß man etwas taktvoll übergeht und ungesagt läßt**, und taktlos ist, das auszusprechen, was man

---

60 Papst Johannes XXIII. soll einmal gesagt haben: »Man muss alles sehen, vieles übersehen und weniges zurechtrücken.«

nur übergehen kann. Übergehen heißt aber nicht: von etwas weg-
sehen, sondern es so im Auge haben, daß man nicht daran stößt,
sondern daran vorbeikommt. Daher verhilft Takt dazu, Abstand zu
halten. Er vermeidet das Anstößige, das Zunahetreten und die Verletzung der Intimsphäre der Person.« (Gadamer 1990, 22)

In meinem Buch über Empathie habe ich dazu ein Beispiel gegeben:

Ich treffe mich mit einem Freund zum Abendessen und erzähle
ihm von einem Erlebnis, das mich sehr bewegt hat. Er hört aufmerksam zu, ist aber vielleicht jetzt, am Ende des Tages, und
wegen des zum Essen genossenen Weins schon etwas müde.
Ich sehe, wie sich in seinem Gesicht ein beginnendes Gähnen
abzeichnet, und bemerke zugleich, wie er sich bemüht, es zu
unterdrücken. Ich vermute, er möchte vermeiden, dass in mir
der Eindruck entsteht, er könnte von meiner Mitteilung gelang-
weilt sein, und will mir damit eine mögliche Kränkung ersparen, weil er verstanden hat, dass das Erlebte für mich wichtig
war: Er will sich taktvoll verhalten. Und um den Erfolg seines
gutgemeinten Bemühens nicht zu gefährden, verhalte ich mich
meinerseits taktvoll und lasse mir nicht anmerken, dass ich
sein Gähnen sowie seine Anstrengung, es zu verstecken, bemerkt habe. (Staemmler 2009, 86)

Das geschickte Umschiffen möglicher Kränkungssituationen ist
einerseits eine Frage der allgemeinen Menschenkenntnis und des
intuitiven Geschicks in der aktuellen Situation. Wenn man sein Gegenüber gut genug kennt, um auch manche seiner persönlichen
Empfindlichkeiten – manche Autorinnen nennen sie »wunde
Punkte«[61] – zu kennen, die in einer gegebenen Situation im Hinter-

---

61 Ich habe weiter oben auf die Problematik aufmerksam gemacht, die sich aus körperlichen Metaphern ergeben kann, mit denen man psychische Prozesse zu verstehen versucht. Das gilt auch für das Konzept des »wunden Punktes« und die damit einher-

grund bleiben und nicht (wie das Gähnen im obigen Beispiel) offensichtlich werden, kann man andererseits diese Kenntnis selbstverständlich auch dazu nutzen, sich gerade im Hinblick darauf von vornherein so zu verhalten, dass man heikle Situationen taktvoll umgeht oder sie mit der nötigen Einfühlsamkeit entschärft.

Um diese Kenntnis kann man sich gerade in nahen Beziehungen aktiv bemühen: durch interessiertes und zugleich taktvolles Nachfragen in persönlichen Situationen, in denen beide Beteiligte unbelastet von aktuellen Problemen sind und nichts anderes vorhaben, als einander besser kennenzulernen. Dass solche Bemühungen erfolgreich sind, hängt natürlich nicht nur vom gegenseitigen Interesse an den Gedanken, Gefühlen und früheren Erfahrungen des Anderen ab, sondern auch von dessen Bereitschaft, sich offen mitzuteilen. Das ist für manche Menschen nicht ganz einfach, insbesondere wenn sie die leidvolle Erfahrung gemacht haben, dass persönliches Wissen, das Andere über sie hatten, zu ihrem Nachteil verwendet wurde. Ängste, die aus solchen Erfahrungen entstanden sind, lassen sich teilweise dadurch reduzieren, dass die Beteiligten darauf achten, ihre Empfindungen und Erlebnisse etwa in ähnlichem Umfang für den jeweils Anderen transparent zu machen.

Als Beispiele, an denen sich miteinander erforschen lässt, in welchen psychischen Kontexten die Eine oder der Andere besonders leicht zu kränken sind, kann und sollte man nicht nur Erlebnisse nutzen, die beide miteinander gehabt haben, sondern auch solche, die jede/r von ihnen mit Dritten hatte. So entsteht nicht so schnell die Gefahr, sich miteinander zu verwickeln, und man kann über die psychischen Dynamiken der Anderen ebenso viel in Erfahrung bringen. Und selbstverständlich kann man auch fiktive Situationen besprechen, um die Erlebensweisen und Einstellungen der Anderen

---

gehenden weiteren Metaphern, z. B. die von der »nicht verheilten Wunde«, die »aufgerissen« wird.

zu explorieren – etwa in dem Sinne: »Wie wäre es für dich, wenn jemand, der dir etwas bedeutet, dieses oder jenes täte?«

Solche Gespräche folgen dem Wunsch, dem Anderen Leid zu ersparen, wenn das möglich ist. So erfreulich und wertvoll dieser Wunsch ist, möchte ich aber dennoch auf einen Aspekt hinweisen, der im Zusammenhang damit vielfach übersehen wird. Der gute Wille, möglichem Leid Anderer vorzubeugen, folgt häufig der ethischen Leitlinie, die von der sogenannten »goldenen Regel« vorgegeben wird: »Was du nicht willst, das man dir tu, das füg auch keinem Andern zu!« Oder anders herum: »Gehe mit Anderen so um, wie du selbst von ihnen behandelt werden möchtest!« Diese Leitlinien sind die volkstümlichen Varianten von dem, was in Kants Philosophie der »kategorische Imperativ« fordert: »Handle so, daß die Maxime deines Willens jederzeit zugleich als Prinzip einer allgemeinen Gesetzgebung gelten könne« (1781, 54).

Die offensichtlich gute Absicht, die man in allen diesen Formulierungen erkennen kann, verstellt allerdings für viele, die sich daran orientieren, den Blick auf einen Haken, der in ihnen versteckt ist. Er besteht darin, dass man, wenn man ihnen folgt, sich *selbst* zum Maßstab macht und davon ausgeht, dass die Andere *genauso wie man selbst* empfinden würde. Das mag häufig der Fall sein, aber durchaus nicht immer. Wer sein Verhalten an den genannten Leitlinien ausrichtet, läuft aber Gefahr, nicht mehr danach zu fragen, worin die *Unterschiede* zwischen dem eigenen Empfinden und dem der Anderen bestehen; er legt an die Andere den Maßstab seiner *eigenen* Befindlichkeiten an. Wenn ich mich so verhalte, dass *ich* nicht gekränkt wäre, falls ich selbst der Adressat dieses Verhaltens wäre, dann verhalte ich mich demnach ethisch richtig.

Nun ist aber, wie ich meine, im Vorangegangenen sehr deutlich geworden, dass Menschen denselben Interaktionen sehr *unterschiedliche* Bedeutungen zuschreiben und infolgedessen sehr unterschiedliche Gefühle erleben werden. Dieser Tatsache werden die erwähnten Leitlinien jedoch nicht gerecht; sie bleiben in gewisser Weise egozentrisch und interessieren sich gar nicht mehr dafür, inwieweit die Andere die fragliche Interaktion *anders* erlebt als man selbst,[62] Die gute Absicht, der **Anderen kein Leid zuzufügen**, führt in dieser Umsetzung ausgerechnet dazu, die Ansichten und Gefühle der Anderen nur in dem Umfang zu berücksichtigen, wie sie den *eigenen* (vermutlich) gleichen. All das, was *ihr* wehtun könnte, das mir selbst aber nicht wehtut, bleibt systematisch ausgeklammert. Genau diese Konstellation schafft dann wiederum eine Voraussetzung für Kränkungen.

Zwischenbemerkung 45: Trotz aller menschlichen Gemeinsamkeiten kann ich selbst allerdings nie eine ausreichende Quelle des Wissens über Andere sein. Man kann nur in begrenztem Umfang von sich auf Andere schließen. Lakoff und Johnson haben darum einen alternativen Imperativ aufgestellt, der dazu beitragen soll, dieser Selbstbezogenheit entgegenzuwirken, die gerade in ethischen Fragen, in denen es immer um die Wirkungen eigenen Verhaltens auf die *Anderen* geht, problematisch werden kann. Sie fordern: **»Tue Anderen das, von dem sie wollen würden, dass du es ihnen tun sollst«** (1999, 309).

Man kann diesen Imperativ aus anderen Gründen gleichfalls für einseitig halten, wenn auch im gegenläufigen Sinn. Allerdings hat er den großen Vorteil, auf den Dialog zu verweisen, denn man kann nur im Gespräch herausfinden, was Andere wollen. Auf jeden Fall ist klar: Wer vermeiden möchte, Anderen auf den Schlips zu treten, muss sich *auch* dafür interessieren, inwieweit sie *anders* empfinden als man selbst, anstatt die eigene Sicht der Dinge implizit für allgemeingültig zu erklären. Wegen der Unterschiedlichkeit der individuellen Horizonte kann man oft nicht wissen, was Andere als krän-

---

62 Habermas nennt das den »Solipsismus der ›im einsamen Seelenleben‹ vorgenommenen Normenprüfung« (2009, 221).

kend erleben und was nicht; man muss sich dessen bewusst bleiben, dass man es nur explorieren und danach fragen kann.

Aber auch das Fragen nach den Empfindlichkeiten der Anderen ist manchmal heikel und erfordert ein achtsames, taktvolles Vorgehen. Weniger Gefahrenpotenzial ergibt sich aus der Bitte um Rückmeldungen zum *eigenen* Verhalten, das sich insbesondere dann empfiehlt, wenn man bemerkt, dass dieselbe Person zum wiederholten Male gekränkt reagiert. Hier kann man sich danach erkundigen, welchen Aspekt des eigenen Verhaltens die Andere zum Anlass für ihr Gekränktsein nimmt. Die Informationen, die man durch solche Rückmeldungen erhält, machen es in gewissem Umfang möglich, das eigene Verhalten so zu modifizieren, dass es für die Andere leichter wird, es *nicht* als Kränkung zu verarbeiten, auch wenn das nicht bedeuten kann, Verantwortung für die Gefühle der Anderen zu übernehmen. Sie bleibt selbstverständlich frei, sich auch dann gekränkt zu fühlen.

Sollte man auf diesem Weg feststellen, dass es bestimmte eigene Verhaltens*muster* sind, die von der Anderen immer wieder zum Anlass für eine Kränkung genommen werden, kann man sich auch darum bemühen, an diesen Mustern etwas zu verändern. Das dient nicht nur der Vorbeugung gegen Kränkungen der Anderen, sondern hilft auch einem selbst, weil man im Erfolgsfall seltener in heikle oder problematische Interaktionen mit der Anderen gerät.

Nach meiner persönlichen Erfahrung liegt eine große Chance, möglichen Kränkungen vorzubeugen, darin, im Zweifelsfall davon auszugehen, dass die andere Person mit größerer Wahrscheinlichkeit mit einer Kränkung reagieren wird, als man es naiverweise erwarten würde. Das psychische Gleichgewicht vieler Menschen ist labiler, als es ihnen anzumerken ist, und fragiler, als sie es sich zu ihrem eigenen Schutz anmerken lassen wollen.

Das liegt zum einen an der schon erwähnten »konstitutionellen Gefährdung« von Menschen, zum anderen aber auch daran, dass viele die eigene Kränkbarkeit als einen Makel empfinden, den sie zu vertuschen bemüht sind. Dass dadurch die Gefährdung nicht geringer wird, liegt auf der Hand; vielmehr handeln sich die, die auf diese Weise versuchen, ihr Ego in Sicherheit zu bringen, noch das zusätzliche Risiko ein, mit ihrer Empfindlichkeit ›enttarnt‹ zu werden und sich damit einer beschämenden Situation auszusetzen. Man braucht die Menschen deswegen nicht generell mit Samthandschuhen anzufassen, aber ihre Gefährdung für Kränkungen für größer zu halten, als man intuitiv anzunehmen geneigt ist, kann helfen, die eine oder andere tragische Interaktion zu umgehen und dem Anderen die zusätzliche Kränkung eines ›Gesichtsverlusts‹ zu ersparen.

Last but not least: Weil, wie ich oben gezeigt habe, das Erleben einer Kränkung häufig gleichbedeutend mit der Enttäuschung von Anerkennungserwartungen oder mit dem Misslingen von Verständigung ist, besteht eine generelle Möglichkeit, Kränkungen vorzubeugen, darin, dem Anderen, wo immer das ehrlicherweise möglich ist, Anerkennung für sein Handeln zu zollen, Wertschätzung für seine Person zu vermitteln, sich empathisch auf ihn einzuschwingen sowie ihm Verständnis für seine Sicht der Dinge entgegenzubringen. Solche Anerkennung ist

nicht nur ein (spezifischer) Akt der »Zustimmung« …, der »Befürwortung« … und der »Bejahung« …, sondern sie kann präziser als ein Akt der »Bekräftigung« … von Werteigenschaften … verstanden werden. In der … Anerkennung werden Subjekte … nicht allein in (positiven und besonderen) Fähigkeiten und Eigenschaften und auch nicht allein »im Wert bestimmter Fähigkeiten und Rechte bestätigt« … Vielmehr werden Fähigkeiten und Eigenschaften menschlicher Subjekte als »wertvoll bekräftigt.« (Balzer 2014, 125)[63]

---

63 Mit den in Anführungsstrichen gesetzten Begriffen bezieht die Autorin sich auf Honneth (insbesondere 1992).

Befürwortung und Bekräftigung tun jedem Menschen fast immer gut, insbesondere in einer Kultur wie der unseren[64], in der zwar Leistung, nicht so sehr aber das Gewähren von Anerkennung und der Ausdruck emotionaler Abstimmung als Werte gelten. Mit Großzügigkeit im Ausdruck authentischer Anerkennung – und damit meine ich keine manipulative Schmeichelei! – kann man außerdem zum gemeinsamen Gefühl der Verbundenheit beitragen. Dieses Gefühl tut nicht nur einfach gut, sondern hat auch eine präventive Wirkung, durch die das Stattfinden von Kränkungen erstens unwahrscheinlicher und zweitens die Intensität einer Kränkung, wenn sie doch einmal passiert, gemildert und ihre Verarbeitung erleichtert wird.

17.2 Die eigene Kränkbarkeit reduzieren

Von erfreulicher Unsicherheit, narzisstischen Deutungsmustern, Verlassenheitsängsten, fixierten Erwartungen und der Relativierung des Ego

Um es gleich zu Anfang provokativ zu sagen: *Die eigene Kränkbarkeit zu reduzieren, beginnt damit, die eigene Gewissheit zu reduzieren!* Die folgende Geschichte soll illustrieren, was ich meine:

Ein Mann will ein Bild aufhängen. Den Nagel hat er, nicht aber den Hammer. Der Nachbar hat einen. Also beschließt unser Mann, hinüberzugehen und ihn auszuborgen. Doch da kommt ihm ein Zweifel: Was, wenn der Nachbar mir den Hammer nicht leihen will? Gestern schon grüßte er mich nur so flüchtig. Vielleicht war er in Eile. Aber vielleicht war die Eile nur vorge-

---

64 Wie man manchmal hört, ist in Deutschland der Neid die höchste Form der Anerkennung. Ich würde das so allgemein nicht unterschreiben, aber gerade als Autor könnte ich von einigen Ereignissen erzählen, die als Beispiele dafür gelten können.

schützt, und er hat etwas gegen ihn. Und was? Ich habe ihm nichts angetan; der bildet sich da etwas ein. Wenn jemand von mir ein Werkzeug borgen wollte, *ich* gäbe es ihm sofort. Und warum er nicht? Wie kann man einem Mitmenschen einen so einfachen Gefallen abschlagen? Leute wie dieser Kerl vergiften einem das Leben. Und dann bildet er sich noch ein, ich sei auf ihn angewiesen. Bloß weil er einen Hammer hat. Jetzt reicht's mir aber wirklich. – Und so stürmt er hinüber, läutet, der Nachbar öffnet, doch noch bevor er ›Guten Tag‹ sagen kann, schreit ihn unser Mann an: ›Behalten Sie Ihren Hammer, Sie Rüpel!‹ (Watzlawick 1988, 37 f. – H. i. O.)

Offensichtlich hält der Mann seine Vermutungen über die Gedanken und Absichten seines Nachbarn für recht zuverlässig. Er *interpretiert* dessen Einstellung und mögliches Verhalten, ohne sich dessen bewusst zu bleiben, dass es sich um nichts als *Interpretationen* handelt und dass *andere* Deutungen *(appraisals)* ebenso möglich wären. Er suggeriert sich selbst auf diese Weise eine problematische Gewissheit, durch die seine reinen Spekulationen zu scheinbar gesichertem Wissen mutieren. Dieses vermeintliche Wissen macht er dann ungeprüft zur Grundlage seiner Kränkung und seines darauffolgenden Vorgehens. Zu welcher Absurdität eine derartige Sicherheit führen kann, wird an der Geschichte schön deutlich.

Die Geschichte zeigt außerdem – in besonders krasser Form – einmal mehr, was ich schon oben erläutert habe: Die Wirkung, die das Verhalten des Anderen auf mich hat, hängt weniger von dessen Verhalten, sondern mehr davon ab, wie ich sein Verhalten auffasse und deute. Wenn man diese Einsicht für sich nutzen möchte, kann man daraus ableiten, dass man aus der Kränkung, die man empfindet, weniger über die Absichten des Anderen erfährt als über die eigenen Interpretationen.

Deshalb kann man, wenn man feststellt, dass man gekränkt reagiert, das zum Anlass nehmen, diesen Deutungen auf die Spur zu kommen und sie dann entweder durch andere zu ersetzen oder wenigstens mit dem Index der **Unsicherheit** zu versehen. Und wenn man feststellt, dass man *häufiger* gekränkt reagiert, kann man das zum Anlass nehmen, eigenen Interpretations*mustern* auf die Schliche zu kommen und diese einer gründlichen Überprüfung zu unterziehen. Gelingt es, ein solches Muster zu verändern, wird damit auch die Wahrscheinlichkeit sinken, dass man sich gekränkt fühlt.

Zwischenbemerkung 46: Man kann sich unterstützen, in einem nicht neurotischen, sondern *kultivierten* Sinne unsicher zu sein (vgl. Staemmler 2003), indem man sich in kritischen Situationen möglichst *offene* Fragen stellt – z. B.»Was *könnte* sie damit gemeint haben?« anstatt»Was *hat* sie damit gemeint?«

Der Unterschied zwischen diesen beiden Fragestellungen sieht auf den ersten Blick geringfügiger aus, als er tatsächlich ist. Aber entsprechende Untersuchungen zeigen, **dass Menschen auf** *offene* **Fragen sehr viel kreativer antworten als auf solche, die nur** *eine* **Antwort zulassen** (vgl. Langer & Piper 1987; Spinelli 1989, 56). Wer sich nicht darauf festlegt, es könne nur eine einzige mögliche Interpretation geben, bleibt flexibler und offener für neue Informationen und Eindrücke.

Die mögliche Relativierung von Interpretationen und Deutungsmustern beginnt mit dem Wissen, dass niemand Gedanken lesen kann. Anders gesagt: Ich kann *nie eindeutig* wissen, wie die Andere ihre Äußerung gemeint hat. Und ich kann aus dem Gefühl, das bei mir entsteht, nie auf die Absichten der Anderen zurückschließen, weil es wesentlich auf *meinem eigenen appraisal* beruht. Ich bleibe damit hinsichtlich der Bedeutung, die ihre Äußerung *für die Andere* hatte, unvermeidlich im Unklaren – solange ich von ihr keine Erläuterung dazu bekomme oder einhole.

Nicht zu wissen, wie die Andere ihr Verhalten gemeint hat, muss darum auf meiner Seite zu einer *Unsicherheit* führen, der ich nur entkommen könnte, wenn ich meine unvermeidliche Wissenslücke mit irgendwelchem *Pseudo*wissen stopfen würde – umgekehrt gesagt: Wenn ich realistisch sein will und mein Kränkungsrisiko dadurch verringern möchte, dass ich mich nicht auf Vermutungen oder Projektionen stütze, muss ich diese Unsicherheit *begrüßen!*

Für viele Menschen scheint Unsicherheit aber so schwer zu ertragen, dass sie sich ihr nicht aussetzen mögen, sondern sich lieber in eine illusorische Sicherheit flüchten und die Kränkungen in Kauf nehmen, die sich daraus ergeben. Vielleicht erkennen sie manchmal nicht, dass die Unsicherheit, auch wenn sie sich zunächst unangenehm anfühlt, durchaus ihren Wert hat: Wenn ich *nicht wissen kann,* was in der Anderen vorgeht bzw. vorgegangen ist, als sie sich mir gegenüber in einer Weise verhielt, die für mich unverständlich war, zeigt sich darin erst einmal nur die schlichte Tatsache, dass ich keine Gedanken lesen kann – auch dann nicht, wenn ich sie schon lange kenne. Diese Einsicht mag zwar auch etwas Kränkendes bezüglich eventueller Allwissenheitsfantasien haben, aber das hat man dann wenigstens mit vielen Anderen gemeinsam ...

Doch eigentlich ist die Unsicherheit in einer solchen Situation kein Ausdruck einer Inkompetenz, sie ist vielmehr *realistisch.* Umgekehrt gesagt: Mit *Sicherheit* anzunehmen, ich wüsste, was die Gefühle und Absichten der Anderen sind, wäre unrealistisch; ich würde mir damit nur eine Illusion verschaffen. Aber alle Konsequenzen, die ich auf der Basis einer solchen Scheinsicherheit ziehe, stehen auf wackeligen Beinen und bringen die Gefahr mit sich, zu weiteren Problemen zu führen.[65]

---

65 Die US-Amerikanerin Byron Katie baut darauf eine ganze Methodik auf: Sie lässt die bei ihr Ratsuchenden ihre für zuverlässig gehaltenen Interpretationen zu Papier bringen und dann konsequent infrage stellen: »Kannst du wirklich wissen, dass das wahr ist?« (Katie & Mitchell 2002)

Ich möchte anhand von zwei häufig zu beobachtenden psychologischen Konstellationen zeigen, worin die persönlichen Hintergründe – die oben schon erwähnten »wunden Punkte«[66] – bestehen können, die Menschen dazu veranlassen, mit falscher Sicherheit immer wieder zu Deutungsmustern zu greifen, die für sie zu Kränkungserfahrungen beitragen, obwohl sie schließlich selbst die Leidtragenden sind. Die Erforschung solcher Hintergründe – z. B. im Rahmen einer Psychotherapie oder auch im Gespräch mit mitfühlenden Freundinnen – kann dabei helfen, die Scheinsicherheit aufzugeben, die Stereotypie der Deutungsmuster zu überwinden und auf diese Weise die eigene Kränkbarkeit zu reduzieren.

Bei einer solchen Selbstexploration gewinnt man mitunter Einsichten über sich selbst, die nicht nur angenehm sind. Daher ist es wichtig, sie auf selbstmitfühlende Weise zu betreiben, d. h. sich selbst *freundliche* Aufmerksamkeit zu schenken, sich der Tatsache bewusst zu bleiben, dass alle Menschen ihre ›Schwächen‹ haben, sich nicht dafür zu verurteilen oder abzuwerten, sondern sich aus Wertschätzung für sich selbst für eine positive Veränderung zu engagieren (vgl. meine Zwischenbemerkung 33 über Selbstmitgefühl). Diese Einstellung erleichtert es nachgewiesenermaßen, die notwendige Verantwortung für die eigenen ›Schwächen‹ und »**wunden Punkte**« zu übernehmen und sich ihnen zu stellen. Denn es hat sich gezeigt, dass

> mit sich selbst mitfühlende Menschen in der Regel bereit sind, die persönliche Verantwortung für ihre Rolle in negativen Ereignissen zu akzeptieren … ., vermutlich weil ihre Einschätzung von sich selbst weniger von vernichtender Selbstkri-

---

66 Auch im Text von Bärbel Wardetzki (vgl. Zwischenbemerkung 47) wird dieser Begriff verwendet, auf dessen Problematik ich schon in Fußnote 61 im vorangegangenen Abschnitt hingewiesen habe. Dessen ungeachtet halte ich die psychologische Substanz von Wardetzkis Beschreibung für wertvoll.

tik oder defensiver Selbstaufwertung beeinträchtigt ist. (Leary, Tate, Adams, Allen & Hancock 2007, 901)

Zwischenbemerkung 47: »Eine Begebenheit wirkt dann kränkend, wenn sie einen ›wunden Punkt‹ berührt, an dem wir empfindlich sind. Dieser hat meist mit vergangenen seelischen Verletzungen zu tun und wirkt wie eine nicht verheilte Wunde, die durch das aktuelle Ereignis aufgerissen wird. Unseren ›wunden Punkt‹ finden wir dadurch, dass wir bei Kränkungen, die uns häufig widerfahren, auf deren Inhalte und unsere Gefühle achten. **Wiederholen sich bestimmte Themen bei Ihnen, beispielsweise Kränkungen durch Trennung, die Sie als Verlassenwerden erleben und mit Verlassenheitsängsten oder Panik verbunden sind, dann könnte es sein, dass Ihr ›wunder Punkt‹ mit Verletzungen zu tun hat, die Sie durch Trennungssituationen davongetragen haben** und die nicht vollständig abgeheilt oder sogar noch sehr aktiv sind. An diesem Punkt werden zukünftig Trennungserlebnisse Ihren alten Schmerz und damit verbundene Kränkungen auslösen können. Mit der aktuellen Verletzung spüren Sie zugleich die alten Wunden, was Ihr momentanes Erleben verstärkt.« (Wardetzki 2005, 42 – vgl. weiter unten meine Bemerkungen über Bindungsstile)

Die erste der beiden psychologischen Konstellationen, die mit typischen, das Erleben von Kränkungen begünstigenden Deutungsmustern verknüpft sind, findet sich bei Menschen, die ›süchtig‹ nach Anerkennung sind (eine Konstellation, die auch als »Narzissmus« bezeichnet wird – vgl. Baumeister & Vohs 2001). Ihre selbstbezogenen Ansprüche an Bestätigung oder gar Bewunderung durch Andere sind so ausgeprägt und erstrecken sich auf derartig viele Gelegenheiten, dass es nicht verwunderlich ist, wenn diese Menschen häufiger als Andere die Frustration ihrer Erwartungen erleben. Der eigene Narzissmus hat dann den Stellenwert einer stark wirksamen Voraussetzung für das Deutungsmuster »Ich werde nicht genug gesehen, bestätigt, verstanden, geliebt etc., obwohl ich das eigentlich verdiene, weil ich doch so toll, schön, erfolgreich, intelligent etc. bin.«[67] Schon die Tatsache, dass manchmal Andere oder deren Bedürfnisse im Vordergrund stehen, kann dann als kränkend erlebt werden. Vieles wird als Infragestellung der eigenen Wichtigkeit und/oder Anerkennungsbedürftigkeit gedeutet, deswegen als Entwertung erlebt und dann als Kränkung verarbeitet. In Verbindung mit dem Täter-Opfer-Denkschema kann das zu feindseligen Verhaltensweisen gegenüber Anderen führen, die für die Beziehungen mit ihnen sehr belastend sein können (vgl. Zwischenbemerkung 10). – Dies ist ein Beispiel dafür, wie »einschlägige kulturelle Einstellungen mit bestimmten Persönlichkeitsmerkmalen des Handelnden in dynamischer Wechselwirkung stehen« (Markus & Kitayama 2010, 427).

Natürlich haben fast alle Menschen gelegentlich solche »narzisstischen« Empfindungen,[68] aber für diejenigen, bei denen dieses Muster sehr ausgeprägt ist, erweist es sich oft als sehr schwierig, sich selbst einzugestehen, in welchem Ausmaß sie die Welt durch die Brille dieses Deutungsmusters sehen. »Für den narzisstisch extrem kränkbaren ... [Menschen] ist bereits die Tatsache bedrohlich, dass er in irgendeinem Punkt unvollkommen ist. Eigentlich darf es gar nicht sein, dass er ... Unterstützung braucht« (Schmidbauer 1999, 164). Denn tragischerweise ist es mit dem eigenen Selbstbild kaum zu vereinbaren, auf Andere und deren Zuspruch dermaßen angewiesen zu sein.

So ist es nicht nur im Allgemeinen der Fall, dass »wir Scham empfinden, wenn wir uns der Teile unseres Selbst bewusst werden, die

---

67 Es gibt auch eine von Minderwertigkeitsgefühlen geprägte Variante dieses Musters: »Ich werde nicht genug gesehen, bestätigt, verstanden, geliebt etc., obwohl ich das so dringend brauche, weil ich mich so mickrig fühle.«

68 Man könnte den Selbstwert-Aspekt von Kränkungen, den ich in Abschnitt 11 diskutiert habe, auch als den »narzisstischen« Aspekt bezeichnen.

nicht integriert sind« (Symington 1999, 45), sondern es gilt auch im Besonderen: Sich mit dem eigenen Narzissmus zu konfrontieren, wenn dieser sehr ausgeprägt ist, kann für die Person nicht nur »zutiefst erschreckend« (a. a. O.), sondern auch sehr beschämend und damit selbst wiederum extrem kränkend sein. Deshalb schreibt der zitierte Autor: »In dem Maße, wie wir von narzißtischen Zügen beherrscht werden, werden wir die eigentlichen Quellen unseres Handelns zu verbergen suchen« (a. a. O.) – nicht zuletzt vor uns selbst.

Dazu kommt noch die Tatsache, dass es sich bei dem Deutungsmuster, das hier beschrieben wird, oft um den Ausdruck einer sehr weitgehenden Mentalität, um eine recht umfassende Einstellung zum Leben und zu anderen Menschen handelt, die, selbst wenn man die Courage hat, sie sich einzugestehen und sich mit ihr auseinanderzusetzen, keineswegs im Handumdrehen zu verändern ist, sondern eine sehr nachhaltige kritische Selbstreflexion erfordert. Und Selbstkritik ist natürlich für Menschen, die sich für etwas Besonderes halten, nicht gerade die leichteste Übung, wobei es relativ unerheblich ist, ob sie sich für besonders toll oder für besonders bemitleidenswert halten.

Ich hatte weiter oben noch die Beschreibung einer zweiten, oft wirksamen psychologischen Konstellation und der zu ihr gehörenden Interpretationsmuster angekündigt, die zur Häufigkeit von Kränkungen beitragen. Dabei geht es darum, wie sicher oder unsicher Menschen sich in ihren Beziehungen mit Anderen fühlen. Dies hängt mit dem Grundbedürfnis nach Verbundenheit bzw. dann, wenn dieses Bedürfnis frustriert wird, mit dem Leid des Getrenntseins zusammen, über das ich in Abschnitt 12 geschrieben hatte. In der psychologischen Forschung ist hier von »**Bindungsstilen**« die Rede.

Zwischenbemerkung 48: »Bindungsstil … ist ein Konzept, das von John Bowlbys [1984] Bindungstheorie abgeleitet ist und die typische Art und Weise bezeichnet, mit der eine Person ihre nahen Beziehungen mit Menschen gestaltet, die sie betreuen oder von ihr betreut werden – meistens Eltern, Kinder, Liebespartner. Das Konzept spricht **das Vertrauen eines Menschen auf die Erreichbarkeit seiner Bezugspersonen** an, durch das diese für ihn zu einer sicheren Basis werden, von der aus er die Welt in unbeschwerten Zeiten frei explorieren kann bzw. zu der er unter Stressbedingungen wie in einem sicheren Hafen Zuflucht nehmen kann, um Unterstützung, Schutz und Trost zu finden. Das Explorieren der Welt bezieht sich nicht nur auf die physische Welt, sondern auch auf die Beziehungen mit anderen Menschen und auf die Beschäftigung mit der eigenen inneren Erfahrungswelt.« (Levy, Ellison, Scott & Bernecker 2011, 193) Die Bindungsforschung unterscheidet zwischen einer Reihe von Bindungsstilen, z. B. dem sicheren, unsicher-vermeidenden, unsicher-ambivalenten oder desorganisierten (vgl. Grossmann & Grossmann 2004). Diese Stile stellen grobe Kategorisierungen dar und werden durch individuelle Faktoren in der einen oder anderen Weise modifiziert.

Es geht mir hier nicht um eine Typologie dieser Stile und auch nicht um eine Diskussion darüber, wie stimmig und sinnvoll die in der Literatur vorgeschlagenen Einteilungen sind. Aber »es herrscht allgemeine Einigkeit darüber, daß Bindungssicherheit als Schutzfaktor gegen psychische Erkrankungen wirken kann und daß sie mit einer breiten Palette von gesünderen Persönlichkeitsvariablen wie z. B. geringere Angst …, weniger Feindseligkeit und größerer Widerständigkeit des Ich[69] … verknüpft ist« (Fonagy 2003, 41): Wer sich sicher

---

69 Mit »Widerständigkeit des Ich« ist wohl die Fähigkeit gemeint, negativen Lebensereignissen standzuhalten und auf sie nicht mit einer starken bzw. länger anhaltenden Beeinträchtigung des eigenen Wohlbefindens zu reagieren. Diese Fähigkeit wird auch »Resilienz« genannt.

ist, dass er sich auf seine wichtigen Beziehungen verlassen kann, ist klar im Vorteil; er wird sich von kleineren Unstimmigkeiten im Kontakt mit seinen Bezugspersonen nicht besonders irritieren lassen. Er wird vermutlich eventuelle Unstimmigkeiten schon von vornherein als *kleiner* empfinden und sich schon deswegen weniger irritiert fühlen als jemand, der seine Bindungen als unsicher erlebt.

> Die frühen Bindungserfahrungen beeinflussen die Situationswahrnehmung ... sowie die Emotionsregulation ein Leben lang. So nehmen unsicher Gebundene auch im Erwachsenenalter andere als weniger vertrauenswürdig war, beurteilen ihren Partner ungünstiger und haben eine negativere Sicht von ihren Kindern. Sie erwarten weniger Unterstützung von anderen und nehmen diese als weniger wirksam wahr. (Bodenmann 2013, 104)[70]

Wer in der ständigen Angst lebt, von den Menschen, die ihm wichtig sind, nicht mehr geliebt, abgelehnt oder gar verlassen zu werden, wird z. B. Abgrenzungen, kritische Bemerkungen oder abweichende Meinungen der Anderen, auch wenn es dabei gar nicht um grundsätzliche Beziehungsfragen geht, eher als Bedrohung erleben, sich verunsichert fühlen und sich fragen, ob diese Beziehung noch tragfähig und belastbar ist. Mit dieser Angst ist die Grundlage für das Deutungsmuster schon gelegt, mit dem die in ihren Beziehungen unsichere Person Mitteilungen der Anderen vorzugsweise interpretiert: Sie wird mit einer relativ großen Wahrscheinlichkeit (bzw. Scheinsicherheit) eine Abgrenzung oder Ähnliches als Infragestellung der Verbundenheit mit den Anderen deuten und dann als die Form von Kränkung erleben, die in das Leid des Getrenntseins mündet.[71]

---

70 Der Autor paraphrasiert hier Passagen aus Dykas & Cassidy (2011).
71 Natürlich können sich auch narzisstische Komponenten in diese Kränkung hineinmischen, etwa wenn die Abgrenzung der Anderen als Ablehnung des eigenen Werts interpretiert wird.

Auch aus diesem Deutungsmuster ergeben sich immer wieder geradezu tragische Entwicklungen in den Beziehungen der Betroffenen: Die Bezugsperson des Gekränkten, die sich nur *in einem bestimmten Punkt* abgrenzen wollte, sieht sich jetzt der Unterstellung ausgesetzt, sie wolle mit dem Gekränkten *grundsätzlich* nichts mehr zu tun haben, und fühlt sich dementsprechend missverstanden.

Sie wird sich vermutlich gegen diese Unterstellung abgrenzen – und mit dieser weiteren Abgrenzung die erlebte Bedrohung für den Gekränkten wiederholen und verstärken, wodurch dieser sich in seiner *grundsätzlich* empfundenen Gefahr für die Verbundenheit bestätigt sehen wird.[72]

Damit entsteht auch in dieser Konstellation leicht ein Teufelskreis, der möglicherweise genau zu jener *grundsätzlichen* Distanzierung führt, die der unsicher Gebundene einerseits am meisten fürchtet, andererseits aber mit den stereotypen Deutungen des Verhaltens seiner Bezugspersonen maßgeblich hervorruft. Denn auch wenn diese anfangs noch nicht einmal einen einzigen Gedanken daran hatten, die Beziehung infrage zu stellen, sind sie davon, dass ihnen das wiederholt zugeschrieben wird, allmählich so genervt, dass sie *deswegen* die Beziehung infrage stellen.[73] Für den Gekränkten entsteht dann einmal mehr die leidvolle Erfahrung des Getrenntseins – wodurch er sich in seinem Deutungsmuster wahrscheinlich eher bestätigt fühlt.

Wie sich so ein Teufelskreis konkret aufschaukeln kann, möchte ich an einem Beispiel veranschaulichen: Ein Ehepaar, das wegen einer Krise zu mir kam, hatte sich völlig zerstritten, weil die Frau

---

72 Es gibt auch die Möglichkeit, sich nicht abzugrenzen, sondern das Missverständnis auf sich beruhen zu lassen. Das bringt dann das Risiko mit sich, dass der Gekränkte sich in seinem falschen Eindruck und *dadurch* in der von ihm empfundenen Gefährdung seiner Verbundenheit bestätigt sieht. Von daher können Abgrenzung und Unterlassung der Abgrenzung letztlich dieselbe Wirkung haben. Das fixierte Deutungsmuster bestätigt sich so oder so …

73 Diese Beziehungsdynamik lässt sich auch mit dem Konzept der »projektiven Identifikation« verstehen (vgl. Staemmler 1993, 167 ff.).

ihren Mann als rücksichtslos und hartherzig erlebte, während er sie kontrollierend und vorwurfsvoll fand. Die Streitigkeiten entzündeten sich typischerweise daran, dass er später als von ihr erwartet nach Hause kam. Als Versicherungsvertreter war er viel mit dem Auto unterwegs und damit von der jeweiligen Verkehrslage abhängig.

Hatte er ihr morgens gesagt, dass er um ca. 17 Uhr zurück sein wollte, begann sie, die sich ihrer Bindungen recht unsicher war, ungefähr eine halbe Stunde vorher schon auf jedes Motorengeräusch von der Straße zu lauschen, und war in jedem Fall, in dem sich herausstellte, dass sie nicht den Wagen ihres Mannes gehört hatte, ein wenig enttäuscht. Spätestens ab 17 Uhr verwandelte sich die zunehmende Enttäuschung in eine allmählich ansteigende Angst, und sie begann zu fantasieren, dass ihrem Mann etwas zugestoßen sein könnte. Nervös horchte sie auf die Straßengeräusche und dann auch auf das Telefon: Es könnte ja klingeln, und die Polizei könnte dran sein, um ihr mitzuteilen, dass ihr Mann tödlich verunglückt sei. Oder er selbst könnte sich – hoffentlich! – melden, um sie über eine Verspätung zu informieren.

Ihr Mann, der über einen sicheren Bindungsstil und auch über ein etwas träges Temperament verfügte, wäre an ihrer Stelle kein bisschen verunsichert gewesen, wenn sie bei irgendeiner Gelegenheit einmal eine halbe Stunde später als angekündigt gekommen wäre. Er wusste zwar von ihren Ängsten, fand es aber nicht nötig, bei einer aus seiner Sicht geringfügigen Verspätung telefonisch Bescheid zu geben. Manchmal dachte er zwar daran, wie seine Frau diese Situation empfand, und rief sie an; manchmal vergaß er das aber auch oder tat es erst zu einem Zeitpunkt, zu dem sie bereits voller Ängste war.

Wenn er dann zu Hause ankam, konnte sie ihre Erleichterung darüber, dass ihm nichts passiert war, kaum noch spüren, sondern empfing ihn mit langem Gesicht und einer Tirade von Vorwürfen darüber, was er ihr wieder einmal für schreckliche Ängste gemacht habe, wie wenig Rücksicht er auf ihre Gefühle nähme und wie egal sie ihm offenbar sei. Er kam sich vor wie der sprichwörtliche begossene Pudel, fand ihr Verhalten völlig übertrieben und fühlte sich von ihr gegängelt. Überdies ließ sein Interesse daran, zu ihr nach Hause zu kommen, immer mehr nach. –

Wie auch immer die Deutungsmuster von ihrem konkreten Inhalt her beschaffen sein mögen, die mit einer der beiden beschriebenen (oder auch anderen) psychologischen Konstellationen einhergehen – sie führen, wie ich zu zeigen versucht habe, zu Interaktionen, durch die sich die Situation der Gekränkten nicht nur aktuell verschlimmert, sondern durch die sie außerdem noch dazu beitragen, dass sich die negative Erfahrung mit anderen Menschen wahrscheinlich wiederholt. Wenn sie das verhindern oder wenigstens seltener erleben möchte, tut sie gut daran, die Deutungen zu erforschen, die sie in verschiedenen Kränkungssituationen als Verständnishilfe heranzieht, um sich einen – letztlich problematischen – Reim auf das Verhalten der Anderen zu machen.

Der gemeinsame Nenner, der sich darin finden lässt, stellt jenes *Muster* dar, das sie mit trügerischer Sicherheit immer wieder angewendet hat, für das sie im eigenen Interesse aber dringend Alternativen suchen sollte. Die beste Alternative bestünde allerdings darin, *alle* Interpretationen des Verhaltens von Anderen generell als unsicher einzustufen, das Gespräch zu suchen, den Anderen nach seiner Sicht der Dinge zu fragen und diese Sicht in die eigene Auffassung von der kritischen Situation miteinzubeziehen (vgl. Abschnitt 13), sodass ein *gemeinsames* Verständnis der Kränkungssituation möglich wird.

Die beschriebenen und fast alle anderen heiklen Deutungsmuster haben etwas gemeinsam, das man sich gleichfalls zum eigenen Vorteil bewusst machen und womöglich verändern kann: Weil Kränkungen immer auch auf *Wünsche* verweisen – in den erwähnten beiden Beispielen ging es um das Bedürfnis nach Verbundenheit –, liegt ein wichtiger Faktor für ihr Zustandekommen darin, dass Menschen häufig, ohne es deutlich zu bemerken, *erwarten*, dass ihre Wünsche auch erfüllt werden; ich erinnere an die Beispiele 3, 4 und 5 in Abschnitt 3, an denen das besonders augenfällig wird. Aber natürlich ist das unrealistisch: *You can't always get what you want*, haben selbst die *Rolling Stones* begriffen, obwohl sie sich vermutlich fast alles kaufen können, was mit Geld zu bekommen ist.

Aber vieles von dem, was in menschlichen Beziehungen wichtig ist, lässt sich nicht kaufen und auch nicht mit Manipulationen, Verführungen oder dem Ausüben von Druck aller Art erreichen. Das wissen zwar die meisten Menschen, verfallen im Alltag aber dennoch manchmal der Illusion, dass sie, wenn sie einen Wunsch haben, auch mit dessen Befriedigung rechnen könnten. Bisweilen wird aus dieser Erwartung sogar ein Anspruch, der eingeklagt oder mit pseudo-logischen Begründungen untermauert wird: »Wenn du mich wirklich verstehen/lieben würdest, dann …«

Ich kenne Kreise in der Psycho-Szene, für die der Begriff des »Bedürfnisses« quasi heiligen Charakter hat. Wer in diesem Rahmen ein Bedürfnis für sich reklamiert, nimmt für sich geradezu in Anspruch, dass es befriedigt wird, und diejenigen, die dazu in der Lage sind, fühlen sich beinahe verpflichtet, die bedürftige Person mit dem zu versorgen, was sie »braucht«. Mit den Wörtern »Bedürfnis« und »brauchen« wird hier eine Dringlichkeit und Unabdingbarkeit verknüpft, die einem Zusammenleben von autonomen Erwachsenen, deren physische Grundbedürfnisse[74] befriedigt sind, selten angemessen ist, sondern eher der Situation eines abhängigen Babys gegenüber seiner Mutter entspricht.

Ich finde es daher oft unterstützend, von *Wünschen* statt von Bedürfnissen zu sprechen. Das lässt allen Beteiligten mehr Spielraum, denn in Bezug auf Wünsche greift mehr die Annahme, dass sie modifiziert, verändert oder auch aufgegeben werden können. Wenn ich den Wunsch habe, mit meinem Freund spazieren zu

---

74 Hier macht das Wort »Bedürfnis« guten Sinn.

gehen, dieser aber aus irgendwelchen Gründen dazu keine Lust hat, muss ich nicht gleich beleidigt sein, sondern kann mich vielleicht auch damit anfreunden, mit ihm eine Fahrradtour zu machen oder mich einfach nur mit ihm in den Garten zu setzen.

Die in unserem Sprachgebrauch üblichen Vorstellungen, die sich mit Wünschen verbinden, lassen viel mehr Flexibilität zu als diejenigen, die mit Bedürfnissen verknüpft sind – nicht nur was ihre Inhalte angeht, sondern auch was ihre Adressatinnen betrifft: Wenn mein Freund heute keine Zeit hat, muss ich ihm das nicht übelnehmen, sondern kann mich mit meinem Wunsch nach Gesellschaft auch an jemand Anderen wenden.[75]

Kurz: Die Wahrscheinlichkeit, sich gekränkt zu fühlen, sinkt, je weniger man an seine Wünsche die *Erwartung*, die *Forderung* oder den *Anspruch* koppelt, sie *müssten* so erfüllt werden, wie man es sich zunächst vorgestellt hat. *Besteht* man auf der Befriedigung in der geplanten Form oder beharrt sogar auf *sofortiger* Erfüllung, ist das so, als wolle man der Welt egozentrisch eine »undurchsetzbare Regel« (Luskin 2003, 107) aufzwingen. Ein solches Vorgehen verweist möglicherweise auf einen Starrsinn oder eine Suchtdynamik, die therapeutische Behandlung erfordert. Ansonsten kann man sich jederzeit vergegenwärtigen, dass nicht nur die eigenen Wünsche veränderbar sind, sondern auch und gerade die *Ansprüchlichkeit*, mit der man auf ihrer Befriedigung insistiert.

Aus dem Gedicht »Gerechtigkeit« von Louise Brachmann (1824, 22), einer wenig bekannten deutschen Schriftstellerin, stammen die Verse:

> *Ach, ich finde still ergeben:*
> *Hat man schuldlos mich betrübt,*
> *Ward ich öfter nicht im Leben*
> *Unverdient so heiß geliebt?*

---

75 Zur Plastizität von Wünschen und Bedürfnissen haben wir an anderer Stelle mehr gesagt (vgl. Staemmler & Staemmler 2008, 131 ff.).

Wer einige **Lebenserfahrung** hat, weiß außerdem, dass Ereignisse, die auf den ersten Blick wie Frustrationen aussehen, sich nach gewisser Zeit durchaus als glückliche Wendungen erweisen können – und umgekehrt. Von daher empfiehlt es sich, auch bezüglich der Frage, ob ein Ereignis nun als frustrierend oder als erfüllend einzuschätzen ist, die eigene Unsicherheit zu kultivieren.

Zwischenbemerkung 49: »Die Wahrheit der Erfahrung enthält stets den Bezug auf neue Erfahrung. Daher ist derjenige, den man erfahren nennt, nicht nur *durch* Erfahrungen zu einem solchen geworden, sondern auch *für* Erfahrungen offen. Die Vollendung seiner Erfahrung, das vollendete Sein dessen, den wir ›erfahren‹ nennen, besteht nicht darin, daß einer schon alles kennt und alles schon besser weiß. Vielmehr **zeigt sich der Erfahrene im Gegenteil als der radikal Undogmatische**, der, weil er so viele Erfahrungen gemacht und aus Erfahrungen gelernt hat, gerade besonders befähigt ist, aufs neue Erfahrungen zu machen und aus Erfahrungen zu lernen. Die Dialektik der Erfahrung hat ihre eigene Vollendung nicht in einem abschließenden Wissen, sondern in jener Offenheit für Erfahrung, die durch die Erfahrung selbst freigespielt wird.« (Gadamer 1990, 361 – H. i. O.)

Alan Watts erzählt eine dazu passende taoistische Geschichte

von einem Bauern, dessen Pferd davonlief. Am Abend versammelten sich die Nachbarn und bemitleideten ihn, weil er solches Pech hatte. Der Bauer sagte:»Kann sein.« Am nächsten Tag kehrte das Pferd zurück und brachte noch sechs Wildpferde mit, und die Nachbarn kamen und riefen, welches Glück er hatte. Er sagte:»Kann sein.« Und am folgenden Tag versuchte sein Sohn, eines der wilden Pferde zu satteln und zu reiten, er wurde abgeworfen und brach sich ein Bein. Wieder kamen die Nachbarn und bekundeten ihr Mitleid wegen seines

Unglücks. Er sagte:»Kann sein.« Am anderen Tag kamen Offi-
ziere ins Dorf und zogen junge Männer als Rekruten für die
Armee ein, aber der Sohn des Bauern wurde wegen seines
gebrochenen Beines zurückgestellt. Als die Nachbarn herein-
kamen und ihm sagen wollten, wie glücklich sich alles gewen-
det hatte, sagte er:»Kann sein.« (1976, 58 f.)

Wünsche und Bedürfnisse sind zweifellos wichtig dafür, sich im
Leben zu orientieren und seinen Weg durch den Alltag zu finden.
Wenn der Weg aber einmal verstellt, gesperrt oder unzugänglich ist,
empfiehlt es sich, einen Umweg zu nehmen oder auch den ganzen
Plan zu revidieren. Auf eine solche Situation gekränkt zu reagieren
heißt, sich eine Macht zuzuschreiben, die man nicht hat, und mit
dem ›Kopf durch die Wand‹ zu wollen: Das führt nur zu Leid, aber
nicht zu Zufriedenheit, und es schadet den menschlichen Beziehungen, wenn es den Umgangsstil mit Anderen prägt:»Wenn eine
Person zu Beginn einer Beziehung festgelegte Bedürfnisse hätte und
darauf bestünde, dass diese Bedürfnisse ohne Änderung erfüllt werden, dann würde diese Person den Beziehungscharakter menschlichen Seins ignorieren und stattdessen ein Verhältnis von Dominanz
und Unterwerfung begünstigen« (Lichtenberg & Gray 2006, 24).

Eigenen Kränkungsgefühlen vorzubeugen bedeutet deshalb auch,
davon *auszugehen*, dass nicht alle Wünsche in Erfüllung gehen und
dass andere Menschen andere Interessen haben können, die nicht
unbedingt zu den eigenen passen müssen. Es verlangt die Bereitschaft, sich von dem überraschen zu lassen, was passiert, wenn man
seinen Wünschen nachgeht, dabei Unerwartetes zu erwarten und
gegebenenfalls flexibel und kreativ auf die eintretende Situation zu
antworten.

Dafür muss man allerdings bereit sein, dem eigenen Willen und
dem, was man sich sonst an Vorstellungen davon in den Kopf gesetzt hat, wie das Leben sein *sollte*, den angemessenen, *relativen* Platz
zuzuweisen. Pläne, Ziele, Fantasien und Ideen sind schön und gut,

aber wenn man versucht, ihnen das tatsächliche Leben unterzuordnen, kämpft man gegen Windmühlenflügel, verschwendet seine Energien und handelt sich jede Menge Enttäuschungen, Frustrationen und Misserfolge ein: Man schafft Situationen, in denen man sich letztlich nur hilflos fühlen und scheitern kann – auch so kann man sich kränken.

Weniger leicht zu kränken wird deswegen auch derjenige sein, der Anderen mit Bescheidenheit oder auch **Demut**[76] begegnet und sich selbst, seine Vorstellungen und Wünsche nicht so wichtig nimmt – anders gesagt: wer sich selbst und die eigene Bedeutung *relativiert*. Die Erfahrung von Begrenztheit, Veränderlichkeit und Vergänglichkeit, d. h. davon, dass man selbst nicht der Nabel der Welt ist und die Dinge immer anders kommen können, als man denkt, haben wohl die meisten Menschen schon gemacht; sie brauchen diese Lebensweisheit nicht neu zu entdecken, sondern nur zu beherzigen, damit sie dann auch wirksam werden kann.

> **Zwischenbemerkung 50:** »Obwohl Demut im Allgemeinen mit einem Gefühl von Wertlosigkeit und geringer Selbstachtung gleichgesetzt wird, handelt es sich bei echter Demut um ein facettenreiches Konstrukt, das sich durch eine akkurate Beurteilung eigener Eigenschaften, eine Fähigkeit, die eigenen Grenzen anzuerkennen, und eine ›Selbstvergessenheit‹ auszeichnet« (Tangney 2002, 411).
>
> Die Autorin spezifiziert ihre allgemeine Aussage wie folgt:
>
> **»Der Zustand der Demut besteht in einem relativen Mangel an Selbstbezogenheit und Selbsteingenommenheit. ... Eine Per-**

---

76 Ich meine *nicht* Unterwürfigkeit! – Das Wort »Demut« wird oft in negativem Sinne mit der Vorstellung von »Demütigung« verknüpft. Das meine ich aber nicht: Ein im hier gemeinten Sinne demütiger Mensch nimmt eine durchaus würdevolle Haltung ein, aber »hat nicht das Gefühl ..., Mittelpunkt der Welt zu sein, ist ... offen für andere und sieht sich als Bestandteil des aus wechselseitiger Bedingtheit gewobenen Geflechts« (Ricard 2007, 300). Eine demütige Haltung macht es nicht nur leichter, Anderen zu verzeihen (vgl. Cardak 2013), sondern steigert auch das eigene Wohlbefinden (vgl. Zawadzka & Zalewska 2013).

son, die ein Gespür für Demut erworben hat, steht in ihrem eigenen Erleben nicht länger im Mittelpunkt ihrer Welt. Der Fokus liegt auf der größeren Gemeinschaft, von der sie ein Teil ist. Aus dieser Sicht kann man bei einem Menschen, der sich selbst stark entwertet, in wichtiger Hinsicht einen *Mangel* an Demut sehen. Genauer betrachtet, umfassen die Schlüsselelemente von Demut:

- eine akkurate Einschätzung der eigenen Fähigkeiten und Erfolge ...
- die Fähigkeit, eigene Fehler, Unvollkommenheiten, Wissenslücken und Begrenzungen anzuerkennen (oft gegenüber einer ›höheren Macht‹)
- Offenheit für neue Ideen und für Informationen und Ratschläge, auch wenn sie der eigenen Überzeugung widersprechen
- die Bereitschaft, die eigenen Kompetenzen und Leistungen – den eigenen Platz in der Welt – in Relation zu setzen (d. h., sich selbst als nur eine Person im größeren Kontext der Dinge zu sehen)
- eine relativ geringe Fokussierung auf das eigene Selbst, eine ›Selbstvergessenheit‹, bei der man anerkennt, dass man nur ein Teil in einem größeren Universum ist
- eine Wertschätzung für den Wert aller Dinge sowie für die vielen verschiedenen Weisen, auf die Menschen und Dinge zu unserer Welt beitragen.« (a. a. O., 413 – H. i. O.)

Das eigene Selbst mit der Wichtigkeit, die man ihm zuschreibt, wird manchmal mit dem Wort »Ego« bezeichnet. Dieses Ego ist letztlich eine Illusion; sie entsteht, wenn man es als ein aus sich selbst heraus existierendes Ding betrachtet, anstatt es als einen von vielen Bedingungen abhängigen, sich immer wieder neu entfaltenden *Prozess* zu verstehen (vgl. Staemmler 2015, 18 ff.). Viele meditative und spirituelle Methoden haben daher zum Ziel, dem Praktizierenden Erfahrungen zu ermöglichen, durch die sich diese Illusion auflösen kann.

Die Folgen sind nicht nur eine »Selbstrelativierung« (Tugendhat 2012), durch die man weniger sensibel für Kränkungen wird, weil man nicht mehr so schnell meint, sein kostbares Ego verteidigen zu müssen; sondern parallel dazu kommen auch ein Gefühl der Gemeinsamkeit mit den Anderen und eine freundliche Zuwendung in den Vordergrund – auch gegenüber denen, die man zuvor für empfundene Kränkungen verantwortlich gemacht hatte:

> Wenn sich die Einsicht in das Selbst-als-Prozess entfaltet, wird die Torheit erkennbar, mit der wir unsere naive Anhaftung an die Vorstellung von einem »Ich« aufrechterhalten, das fest, dauerhaft oder gar wirklich »mein eigenes« sei. Diese Einsicht vermindert unsere Sorge beträchtlich, uns schützen oder aufplustern zu müssen, und erlaubt es uns, Anderen mitfühlend zu begegnen und unsere Interdependenz mit der gesamten Schöpfung zu erkennen. (Fulton & Siegel 2005, 41)

Eine so grundsätzliche Auseinandersetzung mit bisher fraglos akzeptierten Annahmen über das eigene Selbst ist natürlich nicht jedermanns Sache. Aber wer sich darauf einlassen kann und mag, wird auch hinsichtlich der eigenen Kränkbarkeit eine weitreichende Veränderung bemerken, die es erleichtern wird, auch einmal schmunzelnd über die kleinkarierten Empfindlichkeiten des Ego hinwegzusehen und im Bewusstsein zu behalten, dass die Verbundenheit mit den Anderen einen höheren Wert darstellt.

Wenn du nicht in der Blase der Selbstbezogenheit gefangen bist und nicht immer alles auf dich beziehst, dann hört dein Ich auf, sich bedroht zu fühlen. Du hast nicht mehr ständig das Gefühl, dich verteidigen zu müssen, du bist weniger ängstlich, und du machst dir nicht dauernd Sorgen um dich. Je mehr dieses Gefühl der Verunsicherung schwindet, desto mehr zerfallen die Mauern, die das Ich um sich herum errichtet hatte.

Du wirst leichter zugänglich für andere, und du bist bereit, zu ihrem Wohl zu handeln. Das Mitgefühl zerreißt die Blase des Ich. (Ricard, in Singer & Ricard 2008, 99)

Jede spirituelle Praxis, mit der Menschen sich dabei unterstützen, diese Selbstrelativierung zu entwickeln, wird ihnen helfen, sich weniger kränkbar zu fühlen und mit den Menschen, die ihnen am Herzen liegen, einen von Zuneigung und Würde geprägten Kontakt zu pflegen.

Zusammenfassung

Abschnitt 17 handelte zunächst von der Perspektive dessen, der möglichst selten Auslöser für Kränkungsgefühle bei Anderen werden möchte. Ich habe beschrieben, wie er sich dafür engagieren kann, dass sein Verhalten sich möglichst wenig dazu eignet, als Anlass für eine Kränkung interpretiert zu werden. Danach ging es um die Beiträge der Anderen, die die eigene Kränkbarkeit reduzieren möchten. Ihre möglichen Beiträge bestehen in der selbstreflexiven Arbeit an persönlichen Meinungen, Einstellungen und Überzeugungen, die sie bislang dazu veranlassten, Verhaltensweisen Anderer als Kränkungen zu verarbeiten. Für alle Beteiligte habe ich vor Perfektionismus gewarnt und betont, dass Kränkungen – auch bei bestem Willen – nie ganz zu vermeiden sein werden.

Im ersten Teil (17.1) war von den folgenden Möglichkeiten die Rede:

- Eine grundsätzliche Vorsichtsmaßnahme bildet eine Haltung der Achtsamkeit, bei der man sich dessen bewusst ist, dass tendenziell immer Gefahr besteht, die Kränkbarkeit Anderer zu unterschätzen.
- Auch das Einhalten von Höflichkeitsregeln und Konventionen

dient in der Regel der Vermeidung von Kränkungsanlässen. Dazu gehört insbesondere das Antwort-Geben.

- Kritik an Anderen sollte möglichst nicht unvermittelt, eventuell nur auf Nachfrage geäußert werden und sich auf konkrete Eindrücke beziehen.

- Jede Form von Öffentlichkeit (dazu gehört auch Tratsch) steigert gleichfalls die Kränkungsgefahr; es empfiehlt sich, knifflige Themen nur unter vier Augen anzusprechen.

- Den angemessenen Ton in der Kommunikation zu finden und sich möglichst taktvoll zu verhalten, hilft, Kränkungsanlässe zu vermeiden.

- Wer die ›wunden Punkte‹ seines Gegenübers kennt, wird sie nur mit besonderer Vorsicht ansprechen bzw. durch sein Verhalten möglichst wenig dazu beitragen, dass sie sich im Erleben des Anderen aktualisieren.

- Neben der guten Absicht, sich gegenüber der Anderen nur so zu verhalten, wie man sich wünscht, auch von ihr behandelt zu werden, kann es hilfreich sein, sich auch dafür zu interessieren, wo die Andere Maßstäbe anlegt, die den eigenen nicht entsprechen.

- Stellt man fest, dass man mit einem Verhalten wiederholt Kränkungen bei Anderen auslöst, kann man sich damit beschäftigen, welches eigene Verhaltens*muster* dabei im Spiel ist.

- Schließlich trägt ein großzügiges Ausdrücken von Anerkennung dazu bei, dass Andere sich geschätzt fühlen und seltener gekränkt reagieren.

Der zweite Teil (17.2) handelte von den Maßnahmen, die man ergreifen kann, um die eigene Kränkbarkeit zu reduzieren:

- Da Kränkungen auf Interpretationen beruhen, lässt sich die eigene Kränkbarkeit dadurch vermindern, dass man die eigenen Deutungen über das Verhalten von Anderen mit Vorsicht genießt und sich dessen bewusst bleibt, dass sie immer mit Unsicherheit behaftet sind.

- Diese Unsicherheit ist dann besonders begrüßenswert, wenn man sie auf eigene Deutungs*muster* anwendet, die man aufgrund unverarbeiteter negativer Erfahrungen entwickelt hat. Denn diese machen einen besonders empfindlich für Kränkungen; sie stellen ›wunde Punkte‹ dar, die Beachtung verdienen.

- Zwei psychische Konstellationen, die zu typischen Deutungsmustern führen und die eigene Kränkbarkeit beeinflussen, werden mit den Begriffen »Narzissmus« bzw. »Bindungsstil« bezeichnet. Es empfiehlt sich, die eigenen Denk- und Gefühlsmuster unter diesen Aspekten zu überprüfen.

- Weil Kränkungen mit frustrierten Erwartungen zusammenhängen, kann man auch die vermeintliche Dringlichkeit eigener Wünsche und Bedürfnisse überprüfen, um herauszufinden, ob man sie mit unrealistischen Ansprüchen auf Erfüllung oder sofortige Befriedigung verknüpft.

- Auch die Frustration von Erwartungen relativiert sich oft durch den weiteren Verlauf der Dinge. Manchmal stellt sich das Nichteintreten des erhofften Ereignisses später sogar als Glück heraus.

- Daraus lässt sich eine allgemeine Haltung der Demut ableiten, in der sich die Selbstbezogenheit relativiert, die mit Kränkungsgefühlen verbunden ist.

- Diese Haltung lässt sich konsequent weiterentwickeln – bis zu einer Art von Selbstrelativierung, wie sie mit vielen spirituellen Praktiken angestrebt wird.

18 Zu guter Letzt

Vom Schutz der ›Opfer‹ und der ›Täterinnen‹ und von der Lebensform
der Würde

Falls, insbesondere im ersten Teil dieses Buches, bei manchen
Lesern der Eindruck entstanden sein sollte, ich wendete mich gegen
die vermeintlichen ›Opfer‹ von Kränkungen oder nähme die angeblichen ›Täter‹ in Schutz, würde mich das nicht wundern: Wenn man
vom Denken im Rahmen des Täter-Opfer-Schemas, das in unserer
Kultur vorherrscht, geprägt ist, kann dieser falsche Eindruck leicht
entstehen. Aber ich wende mich nicht gegen Personen, sondern
gegen dieses einschränkende Denkschema, weil es Menschen auf
simple Rollen (Täter, Opfer, Retter) reduziert und ihnen dadurch
gerade im Hinblick auf das nicht gerecht wird, was sie im wesentlichen Sinne zu *Personen* macht: ihre Dialogfähigkeit und ihre Selbst-
bestimmung.

Ich hoffe deshalb, dass im Verlauf des gesamten Textes deutlich
geworden ist: Es geht mir gerade nicht um irgendeine Vereinfa-
chung oder Einseitigkeit – weder zulasten der sogenannten Täter
noch zulasten der sogenannten Opfer. Denn Kränkungen sind nach
meinem Verständnis das Resultat von Interaktionen, an denen *zwei*
Menschen beteiligt sind, deren spezielles *Zusammenwirken* das Zustandekommen einer Kränkung zur Folge hat. Dabei ist es mir
wichtig zu betonen, dass keine der Beteiligten die Macht hat, der
jeweils anderen ihre eigene Deutung der gemeinsamen Situation
aufzuzwingen – es sei denn, die andere macht dabei mit.

Ich nehme deswegen ausdrücklich Stellung *gegen* die Festlegung
gekränkter Menschen auf eine *Opfer-Rolle*, weil diese sie in ihrer Per-
sonenhaftigkeit und damit in ihrer Würde sowie in ihrer kommunikativen Kompetenz stark einschränkt – gleichgültig, ob sie sich

selbst auf diese Rolle festlegen oder von Anderen darauf festgelegt werden. Ich engagiere mich zugleich entschieden *für* die betroffenen *Personen*, die aufgrund des in unserer Kultur so verbreiteten Denkschemas bei erlebten Kränkungen in Gefahr geraten, sich als Opfer zu sehen und gesehen zu werden.

Denn *wer sich als Opfer versteht, schadet sich selbst!*

> Von 22 Studien, in denen die Teilnehmer eine andere Person als Ursache [ihres Leids] wahrnahmen …, zeigte sich in 77 % der Fälle eine Verknüpfung zwischen der Schuldzuweisung an Andere und einer weniger gelungenen Problembewältigung, egal ob der Andere ein Partner, ein Arzt oder ein Fremder war. In *keiner* dieser Untersuchungen ging die Schuldzuweisung an Andere mit einer besseren Problembewältigung einher. (Tennen & Affleck 1990, 213 – H. d. V.)

Diese Forschungsergebnisse zeigen einmal mehr, worauf ich oben schon auf andere Weise hingewiesen habe: Sich als das ›Opfer‹ der kränkenden Handlung eines ›Täters‹ zu verstehen, ist weder eine Notwendigkeit noch eine realistische Abbildung zwischenmenschlicher Interaktionen; es ist eine in unserer Kultur verbreitete und daher von vielen Menschen naiv praktizierte Art und Weise, sich selbst und die Andere zu *interpretieren*. Und diese Interpretation schadet den beteiligten Personen und ihren Beziehungen, manchmal nur geringfügig, manchmal aber auch erheblich.

Je nach dem, wie intensiv die Kränkung empfunden wird, ist es für die Betroffenen allerdings mehr oder weniger leicht, aus dem üblichen Interpretationsschema auszusteigen. Ob es sich um ein nicht rechtzeitig zur Verfügung stehendes Auto handelt (vgl. Beispiel 5 in Abschnitt 3) oder um die beinahe »klassisch« zu nennende Situation, dass ein Ehepartner die heimliche Affäre des Anderen entdeckt (Beispiel 6) – unabhängig von der Art des jeweiligen Anlasses gilt: Je leidvoller die Kränkung *erlebt* wird, desto schwieriger ist es in der Regel für die Betroffenen, aus dem Täter-Opfer-Schema auszusteigen.

Doch es lohnt sich, auf mögliche Kränkungen vorbereitet zu sein und sich, wenn die Situation eintritt, für eine Verarbeitung außerhalb dieses Denkschemas zu engagieren. Denn wenn es auch nur teilweise gelingt, eine **veränderte Betrachtungsweise** einzunehmen, lassen sich damit zwischenmenschliche Beziehungen vor größerem Schaden schützen.

Zwischenbemerkung 51: »Auch wenn meine Innenwelt aufs engste verflochten ist mit dem Rest der Welt, so gibt es doch einen gewaltigen Unterschied zwischen einem Leben, in dem jemand sich so um sein Denken, Fühlen und Wollen kümmert, **daß er in einem emphatischen Sinne sein _Autor_ und sein _Subjekt_ ist**, und einem anderen Leben, das der Person nur _zustößt_ und von dessen Erleben sie wehrlos überwältigt wird, so daß statt von einem Subjekt nur von einem _Schauplatz_ des Erlebens die Rede sein kann.« (Bieri 2013a, 11 – H. i. O.)

Menschen, die unter Kränkungen leiden, dabei zu unterstützen, die Verantwortung für ihre Deutungen von kränkungsrelevanten Situationen zu erkennen, sodass sie die kulturell vorgegebene Opfer-Mentalität überwinden können, heißt also, ihnen dabei zu helfen, dass sie eine bessere Form der subjektiven Problembewältigung entwickeln und zugleich ihre Beziehungen vor größerem Schaden bewahren. Ich sehe darin einen Teil meiner Aufgabe als Psychotherapeut. Denn »zur Rolle eines Therapeuten gehört es, den kulturellen Status« quo in Frage zu stellen« (Perel 2006, 260), zumindest wenn er zu menschlichem Leiden beiträgt.

Ich versuche damit, der ansonsten häufigen Entwicklung vorzubeugen, durch die die Gekränkten auf dem Weg der aggressiven Verarbeitung ihres Leids von der Opfer- in die Täter-Rolle fallen und neues Leid hervorrufen. Und ich versuche, die angeblichen Täterinnen vor der reduzierenden Festlegung auf die Rolle der Bösewichter zu schützen, aus der heraus sie sich unangemessene Vorwürfe machen (bzw. machen lassen) und dann aufgrund von Schuldgefühlen abwehrend, distanziert oder schließlich aggressiv reagieren. Alles das dient sowohl dem Schutz der Würde der Personen als auch der Qualität der Beziehungen zwischen den Beteiligten.

Wenn Habermas von der »konstitutionellen Gefährdung« des Menschen spricht, die sich daraus ergibt, dass »niemand ... seine Integrität für sich alleine behaupten« kann (2009, 298), folgt für mich daraus, dass die Teilnehmenden an einer persönlichen Beziehung sich *gemeinsam* und *gegenseitig* darum kümmern müssen, sich selbst und die jeweils Andere vor dieser Gefährdung zu schützen und sich gemeinsam für ihre jeweils individuelle Integrität einzusetzen. Das bedeutet für jede und jeden, für die Würde *beider* Beteiligten zu sorgen – für die der Anderen sowie für die eigene.

Peter Bieri fasst es sehr schön zusammen:

Unser Leben als denkende, erlebende und handelnde Wesen ist zerbrechlich und stets gefährdet ... Die Lebensform der Würde ist der Versuch, diese Gefährdung in Schach zu halten. ... Die Lebensform der Würde ist deshalb nicht *irgend*eine Lebensform, sondern die existenzielle Antwort auf die existenzielle Erfahrung der Gefährdung. (2013b, 15 – H. i. O.)

Ich denke, dass die meisten Menschen eine Vorstellung oder wenigstens eine Ahnung davon haben, wie Würde bei Anderen in Erscheinung tritt, bzw. davon, wie sie sich am eigenen Leib anfühlt. Die meisten wissen auch, dass es unter manchen Bedingungen – z. B. wenn man sich gekränkt fühlt – schwierig sein und Mut kosten kann, diese Haltung zu finden und aufrechtzuerhalten. Aber viele haben auch erlebt, dass es möglich ist, sich einer würdevollen Haltung immer wieder – und ohne Perfektionismus! – anzunähern und sie mit zunehmender Selbstverständlichkeit einzunehmen. Dann haben sie auch die Erfahrung gemacht, wie wertvoll es ist, sich dafür zu engagieren:

> Das Wunder besteht darin, daß es überhaupt möglich ist, die emotionalen Tatsachen unseres Lebens zu verändern. Unser Leben ist nicht zementiert ... Unser Bewusstsein *kann* sich ändern, und mit einem veränderten Bewusstsein verändert sich auch unsere persönliche Welt. Sie kann sich radikal verändern. Eine veränderte Mentalität ändert die emotionalen Ereignisse unseres Lebens – Vergangenheit, Gegenwart und Zukunft. (Symington 1999, 117 – H. i. O.)

Ich hoffe, liebe Leserinnen und Leser, dass die Lektüre dieses Buches Ihnen dabei hilft, Ihr Bewusstsein von Kränkungen so zu verändern, dass Sie sich in Ihrem Engagement für die Lebensform der Würde gestärkt fühlen.

Literatur

Ammann, C. (2007). *Emotionen – Seismographen der Bedeutung: Ihre Relevanz für eine christliche Ethik.* Stuttgart: Kohlhammer.

Austin, J. L. (1972). *Zur Theorie der Sprechakte.* Stuttgart: Reclam.

Bakhtin, M. M. (1986). *Speech genres and other late essays* (C. Emerson & M. Holquist, Hg.). Austin: University of Texas Press.

Balint, M. (1970). *Therapeutische Aspekte der Regression.* Stuttgart: Klett.

Balzer, N. (2014). *Spuren der Anerkennung – Studien zu einer sozial- und erziehungswissenschaftlichen Kategorie.* Wiesbaden: Springer VS.

Baron, R. A. & Byrne, D. (1984). *Social psychology – Understanding human interaction* (Fourth Edition). Boston: Allyn & Bacon.

Bateson, G. (1985). *Ökologie des Geistes – Anthropologische, psychologische, biologische und epistemologische Perspektiven.* Frankfurt am Main: Suhrkamp.

Baumeister, R. F. & Leary, M. R. (1995). The need to belong: Desire for interpersonal attachments as a fundamental human motivation. *Psychological Bulletin* 117/3, 497–529.

Baumeister, R. F. & Vohs, K. D. (2001). Narcissism as addiction to esteem. *Psychological Inquiry* 12, 206–210.

Baumeister, R. F. Smart, L., & Boden, J. M. (1996). Relation of threatened egotism to violence and aggression: The dark side of high self-esteem. *Psychological Review* 103/1, 5–33.

Berne, E. (1983). *Was sagen Sie, nachdem Sie ›Guten Tag‹ gesagt haben? Psychologie des menschlichen Verhaltens.* Frankfurt am Main: Fischer.

Bieri, P. (2013a). *Wie wollen wir leben?* München: dtv.

Bieri, P. (2013b). *Eine Art zu leben – Über die Vielfalt menschlicher Würde.* München: Hanser.

Bodenmann, G. (2013). *Lehrbuch Klinische Paar- und Familienpsychologie.* Bern: Huber.

Bohm, D. (1998). *Der Dialog – Das offene Gespräch am Ende der Diskussionen* (L. Nichol, Hg.). Stuttgart: Klett-Cotta.

Bower, G. H. (1981). Mood and memory. *American Psychologist* 36/2, 129–148.

Bowlby, J. (1984). *Bindung – Eine Analyse der Mutter-Kind-Beziehung.* Frankfurt am Main: Fischer.

Brachmann, L. (1824). *Auserlesene Dichtungen von Louise Brachmann – herausgegeben und mit einer Biographie und Charakteristik der Dichterin begleitet, vom Professor Schütz zu Halle.* Leipzig: Weygand'sche Buchhandlung.

Bruner, J. S. (1997). *Sinn, Kultur und Ich-Identität – Zur Kulturpsychologie des Sinns.* Heidelberg: Auer.

Buber, M. (1936). *Ich und Du.* Berlin: Schocken.

Buck, R. (1994). The neuropsychology of communication: Spontaneaous and symbolic aspects. *Journal of Pragmatics 22/3-4,* 265 – 278.

Burckhart, H. (2001). Erfahrung des Moralischen – Wie und warum ist Erfahrung von Moralischem möglich? In M. Niquet, F. J. Herrero & M. Hanke (Hg.), *Diskursethik – Grundlegungen und Anwendungen* (S. 245 – 264). Würzburg: Königshausen & Neumann.

Cacioppo, J. T. & Patrick, W. (2011). *Einsamkeit – Woher sie kommt, was sie bewirkt, wie man ihr entrinnt.* Heidelberg: Spektrum.

Caduff, C. (2010). *Kränken und Anerkennen.* Basel: Lenos.

Cardak, M. (2013). The relationship between forgiveness and humility: A case study for university students. *Educational Research and Reviews 8/8,* 425 – 430.

Cooper, A. M. (1996). Narzißmus und Masochismus – Der narzißtisch-masochistische Charakter. In O. F. Kernberg (Hg.), *Narzißtische Persönlichkeitsstörungen* (S. 39 – 51). Stuttgart: Schattauer.

Danzer, G. (1998). Höflichkeit, Wohlwollen, Takt – Zur Hierarchie der guten Sitten. In I. Fuchs (Hg.), *Eros und Gefühl – Über den emotionalen Wesenskern des Menschen* (S. 247 – 270). Würzburg: Königshausen & Neumann.

de Mello, A. (2013). *Gib deiner Seele Zeit – Inspirationen für jeden Tag* (A. Lichtenauer, Hg.). Freiburg: Herder.

Döring, E. (2007). Vom richtigen Umgang mit Kränkungen. *Psychologie heute 34/7,* 26 – 29.

Dostojewski, F. M. (1957). *Der Jüngling.* München: Piper.

Dryden, W. & Gordon, J. (2002). *Nadelstiche für die Seele – Sechs Methoden zur Selbstverteidigung gegen Kränkung und Zurückweisung.* Zürich: Oesch.

Dürr, H.-P. (2012). Teilhaben an einer unteilbaren Welt – Das ganzheitliche Weltbild der Quantenphysik. In G. Hüther & C. Spannbauer (Hg.), *Connectedness – Warum wir ein neues Weltbild brauchen* (S. 15 – 28). Bern: Huber.

Dykas, M. J. & Cassidy, J. (2011). Attachment and the processing of social information across the life span: Theory and evidence. *Psychological Bulletin 137/1,* 19 – 46.

Eisenberger, N. I. (2012). The neural bases of social pain: Evidence for shared representations with physical pain. *Psychosomatic Medicine 74/2,* 126 – 135.

Eisenberger, N. I., Lieberman, M. D. & Williams, K. D. (2003). Does rejection hurt? An fMRI study of social exclusion. *Science 302, 5643,* 290 – 292.

Ekman, P. (2004). *Gefühle lesen – Wie Sie Emotionen erkennen und richtig interpretieren.* München: Spektrum Akademischer Verlag.

Exline, J. J., Baumeister, R. F., Bushman, B. J., Campbell, W. K. & Finkel, E. J. (2004). Too proud to let go: Narcissistic entitlement as a barrier to forgiveness. *Journal of Personality and Social Psychology 87/6,* 894 – 912.

Fairfield, M. A. (2004). Gestalt therapy: A harm reduction approach. *British Gestalt Journal 13/2,* 100 – 110.

Fonagy, P. (2003). *Bindungstheorie und Psychoanalyse.* Stuttgart: Klett-Cotta.

Forgas, J. P. (1987). *Sozialpsychologie – Eine Einführung in die Psychologie der sozialen Interaktion.* München & Weinheim: Psychologie Verlags Union.

Forward, S. & Frazier, D. (1998). *Emotionale Erpressung – Wenn andere mit Gefühlen drohen.* München: Goldmann.

Freud, S. (1917/1947). Eine Schwierigkeit der Psychoanalyse. In S. Freud, *Gesammelte Werke, 12. Band* (A. Freud, E. Bibring, W. Hoffer & E. Kris, O. Isakower, Hg.) (S. 3 – 12). Frankfurt am Main: S. Fischer.

Fulton, P. R. & Siegel, R. D. (2005). Buddhist and Western psychology: Seeking common ground. In C. K. Germer, R. D. Siegel & P. R. Fulton (Hg.), *Mindfulness and psychotherapy* (S. 28 – 51). New York & London: Guilford.

Gadamer, H.-G. (1990). *Wahrheit und Methode – Grundzüge einer philosophischen Hermeneutik, Band I.* Tübingen: Mohr.

Gallace, A. & Spence, C. (2010). The science of interpersonal touch: An overview. *Neuroscience and Biobehavioral Reviews 34/2,* 246 – 259.

Gilbert, D. T. & Malone, P. S. (1995). The correspondence bias. *Psychological Bulletin 117/1,* 21 – 38.

Gilbert, P. & Choden (2014). *Achtsames Mitgefühl – Ein kraftvoller Weg, das Leben zu verwandeln.* Freiburg: Arbor.

Gilligan, J. (2000). *Violence: Reflections on our deadliest epidemic.* London: Jessica Kingsley.

Goethe, J. W. (1809/1957). *Romane – Wilhelm Meisters Wanderjahre; Die Wahlverwandtschaften; Das Märchen; Novelle.* Frankfurt am Main: Büchergilde Gutenberg.

Goleman, D. (2003). *Dialog mit dem Dalai Lama – Wie wir destruktive Emotionen überwinden können.* München: Hanser.

Gordon, T. (1997). *Familienkonferenz – Die Lösung von Konflikten zwischen Eltern und Kind.* München: Heyne.

Gould, R. & Sigall, H. (1977). The effects of empathy and outcome on attribution: An examination of the divergent-perspectives hypothesis. *Journal of Experimental Social Psychology 13,* 480 – 491.

Grawe, K. (2004). *Neuropsychotherapie.* Göttingen: Hogrefe.

Grossmann, K. & Grossmann, K. E. (2004). *Bindungen – Das Gefüge psychischer Sicherheit*. Stuttgart: Klett-Cotta.

Habermas, J. (2009). *Diskursethik*. Frankfurt am Main: Suhrkamp.

Hafke, C. (1996). Nachdenken über den Opferbegriff. *Gestalttherapie* 10/2, 54–63.

Hansen, C. H. & Hansen, R. D. (1988). Finding the face in the crowd: An anger superiority effect. *Journal of Personality and Social Psychology* 54/6, 917–924.

Hardcastle, V. G. (2003). The development of self. In G. D. Fireman, T. E. McVay & O. J. Flanagan (Hg.), *Narrative and consciousness: Literature, psychology, and the brain* (S. 37–50). Oxford: Oxford University Press.

Heidegger, M. (1953). *Sein und Zeit*. Tübingen: Niemeyer.

Holodynski, M. (2006). *Emotionen – Entwicklung und Regulation* (unter Mitarbeit von Wolfgang Friedlmeier). Heidelberg: Springer.

Holt-Lunstad, J., Smith, T. B. & Layton, J. B. (2010). Social relationships and mortality risk: A meta-analytic review. *PLoS Medicine* 7/7, 1–20.

Honneth, A. (1992). *Kampf um Anerkennung – Zur moralischen Grammatik sozialer Konflikte*. Frankfurt am Main: Suhrkamp.

Horowitz, M. J. (1996). Klinische Phänomenologie narzißtischer Pathologie. In O. F. Kernberg (Hg.), *Narzißtische Persönlichkeitsstörungen* (S. 30–38). Stuttgart: Schattauer.

Jacobs, L. (1995). Shame in the therapeutic dialogue. *British Gestalt Journal* 4/2, 86–90.

Jones, E. E. & Nisbett, R. E. (1972). The actor and the observer: Divergent perceptions of the causes of behavior. In E. E. Jones, D. Kanouse, H. H. Kelley, R. E. Nisbett, S. Valins & B. Weiner (Hg.), *Attribution: Perceiving the causes of behavior* (S. 79–94). Morristown, NJ: General Learning Press.

Kant, I. (1781). *Kritik der practischen Vernunft*. Frankfurt & Leipzig (keine Verlagsangabe).

Karpman, S. B. (1968). Fairy tales and script drama analysis. *Transactional Analysis Bulletin* 7, 39–43.

Kast, V. (1998). *Abschied von der Opferrolle – Das eigene Leben leben*. Freiburg: Herder.

Katie, B. & Mitchell, S. (2002). *Lieben, was ist – Wie vier Fragen Ihr Leben verändern können*. München: Goldmann.

Kernberg, O. (2006). *Narzißmus, Aggression und Selbstzerstörung – Fortschritte in der Diagnose und Behandlung schwerer Persönlichkeitsstörungen*. Stuttgart: Klett-Cotta.

Kohut, H. (1975). *Die Zukunft der Psychoanalyse – Aufsätze zu allgemeinen Themen und zur Psychologie des Selbst*. Frankfurt am Main: Suhrkamp.

Kopp, S. B. (1993). *Das Ende der Unschuld – Ohne Illusionen leben*. Frankfurt am Main: Fischer.

Lachmann, F. M. (2004). *Aggression verstehen und verändern – Psychotherapeutischer Umgang mit destruktiven Selbstzuständen*. Stuttgart: Pfeiffer bei Klett-Cotta.

Lakoff, G. & Johnson, M. (1998). *Leben in Metaphern – Konstruktion und Gebrauch von Sprachbildern*. Heidelberg: Auer.

Langer, E. J. & Piper, A. I. (1987). The prevention of mindlessness. *Journal of Personality and Social Psychology 53/2*, 280–287.

Laplanche, J. & Pontalis, J.-B. (1972). *Das Vokabular der Psychoanalyse*. Frankfurt am Main: Suhrkamp.

Leahy, R. L., Tirch, D. & Napolitano, L. A. (2011). *Emotion regulation in psychotherapy: A practitioner's guide*. New York & London: Guilford.

Leary, M. R., Tate, E. B., Adams, C. E., Allen, A. B. & Hancock, J. (2007). Self-compassion and reactions to unpleasant self-relevant events: The implications of treating oneself kindly. *Journal of Personality and Social Psychology 92/5*, 887–904.

Lévinas, E. (1983). *Die Spur des Anderen – Untersuchungen zur Phänomenologie und Sozialphilosophie*. Freiburg & München: Alber.

Levy, K. N., Ellison, W. D., Scott, L. N. & Bernecker, S. L. (2011). Attachment style. *Journal of Clinical Psychology: In Session 67/2*, 193–203.

Lichtenberg, P. & Gray, C. (2006). Awareness, contacting and the promotion of democratic-egalitarian social life. *British Gestalt Journal 15/2*, 20–27.

Linden, M. (2005). Die Posttraumatische Verbitterungsstörung, eine pathologische Verarbeitung von Kränkungen. www.jp.philo.at/texte/Linden1.pdf – gefunden am 20.10.2014.

Litzcke, S., Schuh, H. & Pletke, M. (2013). *Stress, Mobbing, Burn-out am Arbeitsplatz* (6., vollständig überarbeitete Auflage). Heidelberg: Springer.

Lorenzer, A. (1970). *Sprachzerstörung und Rekonstruktion – Vorarbeiten zu einer Metatheorie der Psychoanalyse*. Frankfurt am Main: Suhrkamp.

Luskin, F. (2003). *Die Kunst zu verzeihen – So werfen Sie Ballast von der Seele*. Landsberg: mvg.

Markus, H. R. & Kitayama, S. (2010). Cultures and selves: A cycle of mutual constitution. *Perspectives on Psychological Science 5/4*, 420–430.

Maturana, H. R. & Varela, F. J. (1987). *Der Baum der Erkenntnis*. Bern: Scherz.

Maugham, W. S. (1948). *Rückblick auf mein Leben*. Zürich: Rascher.

Mazis, G. A. (1998). Touch and vision: Rethinking with Merleau-Ponty Sartre on the caress. In J. Stewart (Hg.), *The debate between Sartre and Merleau-Ponty* (S. 144–153). Evanston, IL: Nortwestern University Press.

Meier, S. (2007). *Beleidigungen – Eine Untersuchung über Ehre und Ehrverletzung in der Alltagskommunikation*. Aachen: Shaker.

Metzger, W. (1975). Gibt es eine gestalttheoretische Erziehung? In K. Guss (Hg.), *Gestalttheorie und Erziehung* (S. 17–41). Darmstadt: Steinkopff.

Moeller, M. L. (1996). *Die Wahrheit beginnt zu zweit – Das Paar im Gespräch.* Reinbek bei Hamburg: Rowohlt.

Moeller, M. L. (2000). *Gelegenheit macht Liebe – Glücksbedingungen in der Partnerschaft.* Reinbek bei Hamburg: Rowohlt.

Mummendey, A., Linneweber, V. & Löschper, G. (1984). Actor or victim of aggression: Divergent perspectives, divergent evaluations. *European Journal of Social Psychology 14/3,* 297–311.

Neff, K. D. (2003). The development and validation of a scale to measure self-compassion. *Self and Identity 2,* 223–250.

Neff, K. D. (2012). *Selbstmitgefühl – Wie wir uns mit unseren Schwächen versöhnen und uns selbst der beste Freund werden.* München: Kailash.

Nietzsche, F. (1887/1990). Zur Genealogie der Moral – Eine Streitschrift. In F. Nietzsche, *Das Hauptwerk, Band 4* (J. Perfahl, Hg.) (S. 3–176). München: Nymphenburger.

Niggl, G. (1986). Angst vor der Beichte – Gedanken zur Neuordnung der Beichte. In G. Sporschill (Hg.), *Wie heute beichten – Neuausgabe* (S. 107–135). Freiburg: Herder.

Nummenmaa, L., Glerean, E., Hari, R. & Hietanen, J. K. (2014). Bodily maps of emotions. *Proceedings of the National Academy of Sciences 111/2,* 646–651.

Patterson, K., Grenny, J., McMillan, R. & Switzler, A. (2006). *Heikle Gespräche – Worauf es ankommt, wenn viel auf dem Spiel steht.* Wien: Linde.

Perel, E. (2006). *Wild Life – Die Rückkehr der Erotik in die Liebe.* München & Zürich: Pendo.

Perls, F. S., Hefferline, R. & Goodman, P. (2006). *Gestalttherapie – Grundlagen der Lebensfreude und Persönlichkeitsentfaltung* (siebte, neu übersetzte Auflage). Stuttgart: Klett-Cotta.

Ricard, M. (2007). *Glück.* München: Nymphenburger.

Riedl, R. (1985). Die Folgen des Ursachendenkens. In P. Watzlawick (Hg.), *Die erfundene Wirklichkeit – Wie wissen wir, was wir zu wissen glauben? – Beiträge zum Konstruktivismus* (S. 67–90). München: Piper.

Rosa, H. (2013). *Beschleunigung und Entfremdung – Entwurf einer Kritischen Theorie spätmoderner Zeitlichkeit.* Berlin: Suhrkamp.

Rosenberg, M. B. (2003). *Gewaltfreie Kommunikation – Aufrichtig und einfühlsam miteinander sprechen – Neue Wege in der Mediation und im Umgang mit Konflikten.* Paderborn: Junfermann.

Rosenberg, M. B. (2004). *Konflikte lösen durch Gewaltfreie Kommunikation – Ein Gespräch mit Gabriele Seils.* Freiburg/Br.: Herder.

Roth, G. (1995). *Das Gehirn und seine Wirklichkeit – Kognitive Neurobiologie und ihre philosophischen Konsequenzen.* Frankfurt am Main: Suhrkamp.

Roth, G. (2001). *Fühlen, Denken, Handeln – Wie das Gehirn unser Verhalten steuert.* Frankfurt am Main: Suhrkamp.

Salcher, A. (2011). *Der verletzte Mensch – An Verletzungen wachsen statt zerbrechen.* München: Goldmann.

Schindler, L., Hahlweg, K. & Revenstorf, D. (1999). *Partnerschaftsprobleme – Möglichkeiten zur Bewältigung – Ein Handbuch für Paare* (zweite, aktualisierte und vollständig überarbeitete Auflage). Berlin & Heidelberg: Springer.

Schlingensief, C. (2009). *So schön wie hier kanns im Himmel gar nicht sein!* Köln: Kiepenheuer & Witsch.

Schmidbauer, W. (1999). Können Götter lernen? Der Umgang mit dem männlichen Narzissmus in der Therapie, Coaching und Supervision. *Organisationsberatung – Supervision – Clinical Management 6/2,* 163–176.

Schmidbauer, W. (2005). Interview, geführt von I. Szöllösi. *Ursache & Wirkung 54,* 16–17.

Searle, J. R. (1971). *Sprechakte – Ein sprachphilosophischer Essay.* Frankfurt am Main: Suhrkamp.

Siegel, D. J. (2007). *The mindful brain: Reflection and attunement in the cultivation of well-being.* New York: W. W. Norton. – deutsch: *Das achtsame Gehirn.* Freiamt: Arbor.

Simon, F. B. (1997). *Die Kunst, nicht zu lernen – Und andere Paradoxien in Psychotherapie, Management, Politik* ... Heidelberg: Auer.

Singer, W. & Ricard, M. (2008). *Hirnforschung und Meditation – Ein Dialog.* Frankfurt am Main: Suhrkamp.

Soliman, T. (2011). *Funkstille – Wenn Menschen den Kontakt abbrechen.* Stuttgart: Klett-Cotta.

Sophocles (2012). *König Ödipus* (B. Manuwald, Hg.). Berlin: de Gruyter.

Spinelli, E. (1989). *The interpreted world: An introduction to phenomenological psychology.* London: Sage.

Spinelli, E. (2007). *Practising existential psychotherapy: The relational world.* London: Sage.

Staemmler, F.-M. (1993). *Therapeutische Beziehung und Diagnose – Gestalttherapeutische Antworten.* München: Pfeiffer.

Staemmler, F.-M. (1997). Gemeinsame Konstruktionen – Über den ›Gegenstand‹ der Paartherapie am Beispiel geschlechtsspezifischer Mißverständnisse. *Gestalttherapie 11/1,* 57–69.

Staemmler, F.-M. (2003). Kultivierte Unsicherheit – Gedanken zu einer gestalttherapeutischen Haltung. In E. Doubrawa & F.-M. Staemmler (Hg.), *Heilende Beziehung – Dialogische Gestalttherapie* (S. 137–154). Wuppertal: Hammer.

Staemmler, F.-M. (2009). *Das Geheimnis des Anderen – Empathie in der Psychothera-*
pie: Wie Therapeuten und Klienten einander verstehen. Stuttgart: Klett-Cotta.

Staemmler, F.-M. (2015). *Das dialogische Selbst – Postmodernes Menschenbild und*
psychotherapeutische Praxis. Stuttgart: Schattauer.

Staemmler, F.-M. & Bock, W. (2004). *Ganzheitliche Veränderung in der Gestalt-*
therapie – Neuausgabe. Wuppertal: Hammer.

Staemmler, F.-M. & Staemmler, B. (2008). Das Ich, der Ärger und die Anhaf-
tung – Zur Kritik der Perls'schen Aggressionstheorie und -methodik. In
F.-M. Staemmler & R. Merten (Hg.), *Therapie der Aggression – Perspektiven für*
Individuum und Gesellschaft (S. 29–168). Bergisch Gladbach: EHP.

Sykes, C. J. (1992). *A nation of victims: The decay of the American character.* New
York: St. Martin's Press.

Symington, N. (1999). *Narzißmus – Neue Erkenntnisse zur Überwindung psychischer*
Störungen. Gießen: Psychosozial.

Tangney, J. P. (2002). Humility. In C. R. Snyder & S. J. Lopez (Hg.), *Handbook of*
positive psychology (S. 411–419). Oxford: Oxford University Press.

Taylor, S. (2012). Slighting: The dangers of being disrespected. *Psychology Today*
Online – gefunden am 30.10.2014.

Tennen, H. & Affleck, G. (1990). Blaming others for threatening events. *Psycho-*
logical Bulletin 108/2, 209–232.

Tronick, E. Z. (1998). Dyadically expanded states of consciousness and the
process of therapeutic change. *Infant Mental Health Journal 19/3,* 290–299.

Tronick, E. Z. (2007). *The neurobehavioral and social-emotional development of infants*
and children. New York: W. W. Norton.

Tugendhat, E. (2012). Spiritualität, Religion, Mystik. *Gestalttherapie 26/2,* 2–12.

Ungeheuer, G. (1987). *Kommunikationstheoretische Schriften I: Sprechen, Mitteilen,*
Verstehen (J. G. Juchem, Hg.). Aachen: Alano/Rader.

Vollmer, G. (1992). Die vierte bis siebte Kränkung des Menschen – Gehirn,
Evolution und Menschenbild. In H. Grabes (Hg.), *Wissenschaft und neues Welt-*
bild – Vorlesungen (S. 91–108). Gießen: Ferber.

Wardetzki, B. (2000). *Ohrfeige für die Seele – Wie wir mit Kränkung und Zurückwei-*
sung besser umgehen können. München: Kösel.

Wardetzki, B. (2005). *Mich kränkt so schnell keiner! Wie wir lernen, nicht alles persön-*
lich zu nehmen. München: dtv.

Watts, A. (1976). *Der Lauf des Wassers – Eine Einführung in den Taoismus – Die chine-*
sische Weisheitslehre als Weg zum Verständnis unserer Zeit. Bern: Scherz & O. W.
Barth.

Watzlawick, P. (1988). *Anleitung zum Unglücklichsein.* München: Piper.

Watzlawick, P. (1992). »Berufskrankheiten« systemisch-konstruktivistischer Therapeuten. In J. Schweitzer, A. Retzer & H. R. Fischer (Hg.), *Systemische Praxis und Postmoderne* (S. 87–101). Frankfurt am Main: Suhrkamp.

Weber-Guskar, E. (2009). *Die Klarheit der Gefühle – Was es heißt, Emotionen zu verstehen.* Berlin & New York: de Gruyter.

Wheeler, G. (2005). Culture, self, and field: A gestalt guide to the age of complexity. *Gestalt Review 9/1,* 91–128.

Winograd, T. (1980). What does it mean to understand language? *Cognitive Science 4/3,* 209–241.

Zur, O. (1994). Was es bringt, ein Opfer zu sein. *Psychologie heute 21/9,* 58–64.

Zawadzka, A. M. & Zalewska, J. (2013). Can humility bring happiness in life? The relationship between life aspirations, subjective well-being, and humility. *Annals of Psychology 16/3,* 433–449.

Zuschlag, B. (1994). *Mobbing – Schikane am Arbeitsplatz.* Göttingen: Verlag für Angewandte Psychologie.

www.klett-cotta.de / fachbuch

Frank-M. Staemmler
**Das Geheimnis des
Anderen – Empathie in
der Psychotherapie**
Wie Therapeuten und
Klienten einander verstehen

320 Seiten,
gebunden mit Schutzumschlag,
mit 13 Abbildungen
ISBN 978-3-608-94503-4

Frank-M. Staemmler
Das Geheimnis des
Anderen – Empathie in
der Psychotherapie

Wie Therapeuten und Klienten einander verstehen

Wer verstehen will, muss mitfühlen

»Staemmlers sehr umfassende und präzise Analyse
wird es manchem Therapeuten erleichtern, sich klar
zu machen, was im jeweiligen Fall geboten ist ...
Zitate, Fallbeispiele, kurze Theoriediskussionen
werden in extra abgesetzten Feldern dargestellt, so
dass der intellektuell eigentlich oft nicht leicht zu
durchdringende Stoff immer wieder konkret erläutert
wird und so dem Leser wirklich neue Bildungserleb-
nisse über die Psychologie hinaus zuteil werden
können. *Eva Jaeggi, Psychotherapeutenjournal*

**Fach-
buch
Klett-Cotta**

www.klett-cotta.de / fachratgeber

Gudrun Görlitz
**Selbsthilfe bei
Depressionen**

150 Seiten, broschiert,
mit zahlreichen Abbildungen
und Tabellen
ISBN 978-3-608-86054-2

Auch als
@book

zertifiziert von der
Stiftung Gesundheit

Der persönliche Weg aus der Depression

»Sich selbst besser kennenlernen oder herausfinden,
was einem wirklich gut tut sind wichtige Schritte zu
mehr Wohlbefinden. Hierzu bietet das Buch Selbst-
tests und eine Vielzahl von Übungen an. Es wendet
sich in erster Linie an Betroffene, kann aber auch von
Therapeuten zur Anleitung im Sinne von ›Hilfe zur
Selbsthilfe‹ verwendet werden.«
Sucht Aktuell

**Fach-
ratgeber
Klett-Cotta**

www.klett-cotta.de / fachratgeber

Ursula Wawrzinek
Vom Umgang mit sturen Eseln und beleidigten Leberwürsten
Wie Sie Konflikte kreativ lösen

188 Seiten, broschiert, mit 10 Abbildungen
ISBN 978-3-608-86032-0

Auch als
@book

HILFE AUS EIGENER KRAFT

URSULA WAWRZINEK

Vom Umgang mit sturen Eseln und beleidigten Leberwürsten

Wie Sie Konflikte kreativ lösen

Fach-ratgeber
Klett-Cotta

Kreativ »anders« streiten

»Eine gelungene praktische Einführung, für alle, die eine eher wissenschaftliche Herangehensweise abschreckt.« *Claudia Schweigler, managerSeminare*

»Die Konfliktberatung zwischen zwei Buchdeckeln bietet damit eine wertvolle Hilfe für jeden, der seinen Umgang mit Meinungsverschiedenheiten verbessern will.« *Cord Krüger, selfmade-erfolg.de*

Fach-
ratgeber
Klett-Cotta